¿Estrés? ¿Laboral?
Lo que *escapa* al mundo del trabajo
Una experiencia inusual

Mirta A. Nakkache

A J.A. Miller, mi maestro, quién con su "Ud. puede".. me sostuvo en este desafío.

a René Fiori, mi interlocutor incondicional

a Edi mi compañero de vida y más…

a Claudia y Alvar compañeros de ruta

a Leila, quién me abrió las puertas en esta aventura.

A mis hijas:

a Flor, expresión de un deseo decidido,

a Moira quien se abrió su camino con alegría

y a la incansable Julieta que tiene por delante un desafío mayúsculo…

© Mirta Adriana Nakkache, 2019

mirtanak@gmail.com

Reservados todos los derechos. No se permite la reproducción total o parcial de esta obra, ni su incorporación a un sistema informático, ni su transmisión en cualquier forma o por cualquier medio (electrónico, mecánico, fotocopia, grabación u otros) sin autorización previa y por escrito de los titulares del *copyright*. La infracción de dichos derechos puede constituir un delito contra la propiedad intelectual.

Índice

Prefacio 9

Introducción. Una erupción volcánica 11

Primera Parte 15
I. Lo que escapa al mundo del trabajo 16
II. Una experiencia inaugural..................................... 20
III. Primer tiempo - Nuestra propuesta 24
IV. Segundo Tiempo - Puesta en marcha 30
V. Tercer tiempo - Una práctica inusual 32
VI. Cuarto tiempo - Consolidación de la demanda 35
VII. Quinto tiempo - Preservar la identidad 41

Segunda Parte 43
VIII. Apartado Clínico 44
IX. Lo innovador de la experiencia 70
X. De nuestros antecedentes...................................... 76
XI. Quiénes influyeron y posibilitaron esta experiencia 81

Tercera parte 85
XII. Presentación formal de nuestra propuesta a la sociedad 86
El por qué del nombre ¿Es estrés laboral? 94

XIII. Otras experiencias 97

XIV. Reflexiones en torno al estrés y su relación con: ¿estrés? ¿laboral? 113

Cuarta parte.
Un aporte a la comunidad analítica........................ 123

Introducción..124

Fundamentos de la experiencia 127

Conclusiones..137

Una experiencia inaugural en una empresa líder de hidrocarburos.. 138

Algunos trabajos clínicos presentados nacional e internacionalmente... 141

Epílogo 157

Prefacio

En la era de los algoritmos y de la robótica, una empresa reivindica lo más genuino y personal de cada uno de los que contribuyen al éxito de sus objetivos.

De la mano de una "clínica de lo singular" el Uno x Uno de los que trabajan en ella se destacan con su presencia invalorable, más allá del anonimato en el que podrían quedar sumergidos por las habituales "Encuestas de Clima Laboral".

En el recorrido de estas páginas encontrarán el testimonio de una experiencia innovadora, que continúa vigente.

Al mismo tiempo es una invitación a difundir esta perspectiva de abordaje, con sus diversas modalidades, a todos aquellos ámbitos en los que la persona que trabaja y su contexto más íntimo, son reconocidos como el capital más preciado.

Más allá de la concepción del hombre como un cálculo a ser evaluado, emerge, a través de ejemplos concretos **aquello que no debiera escapar al mundo del trabajo.**

Lic. Mirta A Nakkache
MN.6149

Lic. Mirta Nakkache es Fundadora y Directora de la Agrupación ¿Es estrés laboral? *www.estlaboral.com.ar*, Miembro de la Asociación Mundial de Psicoanálisis (AMP). Miembro de la Escuela de la Orientación Lacaniana (EOL), Miembro de la Red Asistencial de la EOL, Miembro de la Federación Americana de psicoanálisis aplicado, (FAPOL) Asesora del Grupo Brasil 1º Foro de RRHH: El nuevo rol de RRHH en las Organizaciones, Asesora de Brisa Salud y Gestión, del área de Wellness en, Pan American- Energy (PAE) y Telecom-Argentina-Creadora de la *Interconsulta Clínica Laboral* Ex. Banco Crédito (1979-1996).

Introducción

Una erupción volcánica[1]

O el azar de los buenos encuentros

> "A la ocasión la pintan calva"
> No todo fue un río tranquilo.
> No-Todo lo es.

Una contingencia suspendió, intempestivamente, el vuelo que debía abordar hacia Río de Janeiro el sábado 11 de junio de 2011.

Se desarrollaba en esa ciudad el V Encuentro Americano de Psicoanálisis, bajo el título *La Salud para Todos, no sin La locura de Cada Uno*.

Una erupción volcánica, nos impidió a muchos colegas de América del Sur, concurrir a dicho Encuentro.

Ese mismo día, a las 15 horas estaba programada mi ponencia, un trabajo clínico que titulé: "El Hombre que calculaba"[2] y que, obviamente, no pude exponer.

---

[1] Erupción del complejo volcánico Puyehue-Cordón Caulle https://es.m.wikipedia.org/wiki/Erupci%C3%B3n_del_complejo_volc%C3%A1nico_Puyehue-Cord%C3%B3n_Caulle_de_2011

[2] Lic. Mirta Nakkache, Trabajo clínico "El Hombre que calculaba". Ver en el apartado **Un Aporte a la Comunidad Analítica**, en esta misma publicación.

Quiso el *azar* compensar esa frustración con otro acontecimiento imprevisto. Se trataba de una invitación a reunirme, ese mismo día, a esa misma hora, en Buenos Aires, con un alto representante de una empresa multinacional.

Quería conocerme e interiorizarse de una propuesta que elaboré, junto con otros colegas, y que denominé ¿Es estrés laboral?

Quizás, a su consagrado perfil de visionario, le resultaría atractiva e inusual para su ámbito: el *mundo del trabajo*.

"A la ocasión la pintan calva"

Ese antiguo refrán, *a la ocasión la pinta calva*, expresa que a la oportunidad se la debe aprovechar cuando se presenta, porque no suele aparecer dos veces.

Consciente de quién provenía la invitación supe, sin dudar, que debía asistir sin demora. Y yo estaba aquí, en Buenos Aires!! Y no iba a faltar a esta cita!

Se trataba de poner a prueba, por primera vez, una propuesta *inusual*, delante de la más alta autoridad de la empresa.

Otra vez lo imprevisto, otro escenario, también muy ansiado, con el mismo ímpetu que caracteriza al *deseo del analista*.[3]

Las consecuencias de ese *encuentro*, serán las que trataré de trasmitirles a los que me acompañen en el recorrido de las páginas de este libro.

No todo *fue un río tranquilo*.

No-Todo[4] lo es. Muchas veces, en el equipo comparábamos nuestra *perfomance* en la empresa como quien *surfea entre las olas*.

---

[3] Deseo del analista: Concepto psicoanalítico. Apunta a una posición ética que remite a la responsabilidad del analista en la dirección de la cura. J. Lacan Seminario XXIV, lección del 11 de enero de 1977, retomado por J.A. Miller en la presentación del tema del IX Congreso de la AMP (Asociación Mundial de Psicoanálisis, 2014).

[4] No-Todo: noción tomada de la lógica formal que apunta en este caso a la relación del sujeto y la verdad, que no es sin resto. Se basa en el *Teorema de Godel*. Ver E. Naguel y James Newman. Ed. Tecnos 1994.

En el *Surf*, como en todo deporte, hay reglas. Cuando otro surfista está encarando una ola, es fundamental no interferir en la trayectoria de otro que se anticipó, para evitar choques y atropellos.

Durante nuestro desembarco en la empresa diré, que unos más que otros, en el equipo, teníamos claro que en ese ámbito no éramos locales. La prioridad estaba dada para quienes estaban más cerca de la *ola*, léase: *área de* RRHH, (Recursos Humanos) dentro de la organización.

Entendimos que no teníamos que ponernos por delante del área de RRHH. Nuestra posición, por fuera de la estructura, éx-tima[5], fue consecuente con ese principio.

Más allá de contar con la aprobación para abordar el oleaje que se nos presentara, había que hacerlo con decisión, pero en una línea de tiempo que no interfiriera con las acciones de dicha área.

No escapaba a nuestro *hacer* la tolerancia necesaria intra-equipo y también con los que requerían tiempo para aceptar nuestros aportes.

Había que esperar los momentos oportunos, despejar los "fantasmas" del entorno, que resonaban inevitablemente en el *radio pasillo*.

En síntesis, no chocar con una cultura del *management* muy arraigada.

---

[5] Ex-tima, del vocablo "extimidad" es una invención del Dr. J. Lacan, un neologismo. Lo éx-timo es lo más interior, sin dejar de ser exterior. Se trata de una formulación paradójica. El término "extimidad" se construye sobre "intimidad". En nuestra práctica en las instituciones, se trata de la posición que sostiene y mantiene el equipo de analistas. Es una posición que apunta a lo más íntimo, pero que a la vez es exterior a la institución, no forma parte de la estructura de la organización.
Miller.J.A. -Extimidad- Los Cursos psicoanalíticos de JAM- -Ed. Paidós-Edición 2010.
Lacan, J (1958) *La ética del psicoanálisis*, El *Seminario*, libro 7, Ba., Paidós, 1988, p. 171.
Miller, J.-A. (1985) "El objeto en el Otro" en Extimidad, Buenos Aires, Paidós, p. 14.

Primera Parte

- I. Lo que escapa al mundo del trabajo
- II. Una experiencia inaugural
- III. Primer tiempo - Nuestra propuesta
- IV. Segundo Tiempo - Puesta en marcha
- V. Tercer tiempo - una práctica inusual
- VI. Cuarto tiempo - Consolidación de la demanda
- VII. Quinto tiempo - Preservar la identidad de nuestro espacio

I. Lo que escapa al mundo del trabajo

> Partamos de un postulado: *cada persona es única, es Una e irrepetible.*
> ¿Cuánto puede sostenerse esta aseveración en nuestro mundo, en esta época que vivimos y, sobre todo en el llamado *mundo del trabajo* al que muchos nos esforzamos por pertenecer y, además, permanecer?

Una paradoja que caracteriza al mundo humano

A diferencia del mundo animal, cuya dotación instintiva determina sus conductas, cada persona, cada uno de nosotros, a cada instante podría, por nuestra propia naturaleza, abarcar y decidir entre las múltiples opciones a las que nos habilita el estar vivos.

Sin embargo, pertenecer al mundo humano nos enfrenta a una paradoja.

Por un lado estamos habilitados a reconocernos, a diferenciarnos unos de otros y acceder a los mínimos o máximos matices que quisiéramos imprimirle a nuestras vidas.

Pero, esa inmensa *apertura al mundo*, esa abismal condición de elegir, puede dejarnos, sin advertirlo, encerrados entre coordenadas trazadas de antemano. Una suerte de *clausura al mundo*[6] que se nos presenta como natural.

Por ejemplo, nuestra condición psicofísica, el marco familiar, las circunstancias socio-políticas y culturales que nos recibieron al nacer o en las que nos "acostumbramos" a permanecer.

---

[6] Clausura al mundo; mencionada por Berguer, Peter; Luckmann, Thomas, en *La construcción social de la realidad*, Amorrortu editores, Pág. 255

Decimos: *es lo que hay, es lo que me tocó…para mi satisfacción o para mi pesar.* Se desdibuja el ¿qué quiero, qué puedo, dónde está el límite, qué o quién lo decide?

Es en ese borde hecho de incertidumbres, en el que se enquista una necesidad de *buscar certezas* y donde esa inmensa apertura al mundo puede convertirnos fácilmente en un objeto del mercado.

La búsqueda de certezas

La ideología del marketing, capta esa humanidad desorientada y, como un sabueso hambriento, se relame atenta a abrirle los brazos. Se presenta como La brújula. Se erige como una maquinaria productora de modelos a imitar, *para todos igual*.

Prometen la felicidad al precio de una serie de prácticas, algunas llamativamente curiosas o hasta ridículas. Sin embargo, son prácticas que ejercen una fuerza de atracción indiscutida.

La política que prevalece, pregonada por la psicología llamada "positiva" es, entre otros *tips* sonreír siempre para lograr una "apropiada" inserción social y contribuir a un buen clima de trabajo.

Hasta proponen ejercicios para practicar la sonrisa!

La ideología del marketing adquirió de golpe estatus de "filosofía de vida" (con perdón de los filósofos antiguos) y penetró en el siglo pasado cuando ya empezaban a vacilar muchos de los ideales vigentes hasta entonces.

Y, bajo diferentes nombres algunos pomposos, y de la mano de las pseudo- ciencias[7], prosigue su avance en la conquista de los más vulnerables.

---

[7] Pseudo ciencias: La pseudo ciencia es aquella afirmación, creencia o práctica que es presentada como científica y fáctica, pero que es incompatible con el método científico. Wikipedia

Libros de autoayuda, conferencias de líderes "exóticos", bricolajes cuidadosamente calculados expropiados de auténticos maestros Zen, derivan en recetas, *tips*, que "garantizan las buenas respuestas".

Un mercado de revistas afines juega el rol de los oráculos e intenta ejercer la misma influencia que tuvo El *Oráculo* en tiempos remotos.

"*Allí encontrarán todas las respuestas, iguales para todos*". Oh lala!!

¿Qué sucede en nuestro mundo del trabajo?

El *mundo del trabajo* adoptó una herramienta por excelencia: la aplicación de *la evaluación* que poco a poco y con la ayuda de protocolos basados en la pedagogía y la psicología, se erigió en el Amo supremo del Saber.

Esos protocolos apuntan a la estandarización de los comportamientos. Infieren, a partir de ellos, la comunicación que prevalece y/o la que debiera prevalecer en un ámbito corporativo. Formulan algoritmos donde ubican rasgos comunes y extraen conclusiones y las aplican.

A ellos se les agregó un interés pronunciado por el funcionamiento cerebral y la inteligencia artificial, en el intento de dar cuenta de ciertos modos de relación y reacción.

El resultado no es otro que homogenizar en nombre del ansiado Clima Laboral: *todos iguales*.

Ah! Y no nos olvidemos de sonreír siempre!!

Comprobamos que la mayoría de las instituciones que albergan a los trabajadores, *no todas*, carecen de espacios dispuestos a acogerlos en su singularidad.

Si advierten algún signo de malestar, se hace de ello una verdad colectiva que recae en la atención de diversos agentes, desde el médico de la salita de primeros auxilios, las ART

(Aseguradoras de riesgos de trabajo) hasta la competencia de los sindicatos, abogados o la judicialización en última instancia.

Muchas veces los afectados eluden la intervención del departamento de RRHH por temor a una represalia, ya sea la pérdida del trabajo o implicancias en sus salarios o categorizaciones.

Hasta aquí un esbozo del escenario que inspiró la construcción de un nuevo abordaje a viejas problemáticas.

> Con ese panorama nos formulamos las siguientes preguntas y una decisión:
>
> ¿Cómo hacer frente a la homogenización *del todos iguales*?
>
> ¿Cómo preservar la singularidad de cada uno?
>
> Y, bajo la creación de la Agrupación *¿Es estrés laboral?* [8] nos propusimos atravesar el muro de las llamadas *corporaciones* con el objeto de:
>
> **No dejar que escape la *singularidad de cada uno*, en el llamado mundo del trabajo.**

---

[8] *¿Es estrés laboral?* la **Agrupación *¿es estrés laboral?***, hizo su presentación pública el jueves 7 de octubre de 2010. Fue creada por un grupo de profesionales con el fin de ofrecer **un abordaje especializado** a personas o entidades que vean obstaculizada la dinámica de su trabajo y de su vida social y familiar por un padecimiento asociado al trabajo. Se fundó basada en la trayectoria y la experiencia recogida en París por la Asociación: "Souffrances au travail" (SAT) ("Sufrimientos en el Trabajo" www.souffrancesautravail.org) creada en el año 2000.

II. Una experiencia inaugural

Una asignatura pendiente

> El consultorio privado era y es una caja de resonancia de los sinsabores que suelen alojarse en el llamado *mundo del trabajo*. Luego de una vasta experiencia en el campo de la salud mental y el de las organizaciones, en los que incursioné en los múltiples y diversos abordajes teóricos y clínicos vigentes y por venir; me propuse poner a prueba ese recorrido, los hallazgos y sus efectos, en dicho *mundo del trabajo*.
>
> La ansiedad, la incertidumbre, la tolerancia o intolerancia a la competencia, las frustraciones e incluso las consecuencias del éxito personal, invadían el *decir* de muchos de mis pacientes y se replicaba en los trabajos clínicos presentados en los Congresos, en las investigaciones y demás revistas afines en las que publiqué numerosos trabajos.

Los hechos trágicos ocurridos en Francia en una empresa muy reconocida, allá por el año 2007[9] fueron decisivos para potenciar y concretar mi intervención en ese campo.

¿Se trataba, acaso, de una cuestión de resiliencia[10]? Aquí se introducía una concepción darwiniana de la naturaleza humana, extrapolada de las ciencias duras, con consecuencias peligrosamente segregativas.

---

[9] Suicidios France- Telecom -Ola de Suicidios en France Telecom (3 de junio de 2010). La Nación. Recuperado de https://www.lanacion.com.ar/1274241-ola-de-suicidios-en-france-telecom

[10] Resiliencia, designa la capacidad del acero para recuperar su forma inicial a pesar de los golpes que pueda recibir y a pesar de los esfuerzos que puedan hacerse par deformarlo. El término se adaptó a la psicología y a otras ciencias sociales para referirse a las personas que a pesar de sufrir situaciones estresantes no son afectadas psicológicamente por ellas. Wikipedia.

Me impulsaba, fundamentalmente, un fuerte deseo de contrarrestar la ideología excluyente de la evaluación y ese empuje a las identificaciones masivas: *todos iguales*, que se fomenta cada día más en las organizaciones de trabajo.

El objetivo que me propuse fue introducirme en *ese mundo* para preservar la singularidad y el deseo de cada uno.

Partí de que en él se juega un caudal muy alto del *bienestar-malestar* en la vida de las personas. Ya sea porque querrían pertenecer a ese mundo, o porque una vez logrado, aspiran a poder sostenerse en él.

> Si bien la expresión *mundo del trabajo* puede abarcar infinitas cuestiones, referencias y respuestas a los planteos precedentes, me propongo circunscribir estas reflexiones a una experiencia muy precisa que comencé hace nueve años, en 2011, junto con un equipo de colegas, en el seno de una empresa privada multinacional, que posee en la actualidad mucho más de cinco mil empleados.

Perfil de la empresa

Se trata de una empresa del sector petrolero que ha tenido un fuerte crecimiento. Atravesó varias fusiones, e incorporó últimamente al negocio otra empresa, una destilería, que diversificó aún más sus productos y una política de venta minorista. Ello multiplicó sus responsabilidades e hizo crecer exponencialmente el número de sus integrantes.

Tiene presencia en oficinas en la Ciudad de Buenos Aires, en la Provincia de Buenos Aires, y también en los lugares donde se realiza la actividad de explotación petrolera y de hidrocarburos en general, siendo los principales, Chubut, Neuquén y Salta, entre otras zonas del país. También opera en el exterior, en Bolivia y México.

Su historia la presenta, en sus inicios, como una empresa familiar con un muy fuerte liderazgo por parte de sus dueños, con empleados que se conocían entre ellos y que podían resolver los temas del negocio con pocos procedimientos formales.

Posteriormente, la empresa, como consecuencia de los distintos momentos de transformación que fue atravesando, entre ellos varias fusiones multinacionales, debió reformular su modalidad de gestión y sus políticas internas y externas.

A pesar de ello y desde una perspectiva más próxima, la impronta de la empresa nacional familiar sigue viva en la *nueva* empresa, y debe convivir con los métodos y procedimientos propios de las multinacionales. Ello da lugar a la confluencia de diversos estilos de trabajo, según la proveniencia de los grupos y de los integrantes originarios de una u otra vertiente.

El crecimiento en tamaño y la diversidad de la empresa no sólo marcó y continúa marcando, la necesidad de una organización dinámica en los procedimientos operativos sino, centralmente, en la gestión de los recursos humanos.

El *desembarco de ¿es estrés laboral?* en la empresa

Un detalle significativo y que en cierto modo favoreció nuestra llegada a la empresa, fueron los frecuentes cambios en la conducción de los Recursos Humanos.

Al momento de ser convocados en el año 2011 ya se habían sucedido, sin éxito, al menos tres Vicepresidencias en el área de RRHH. Y ese mismo año debutaba, junto con nosotros la gestión de una nueva Vicepresidencia de RRHH. Ella debió encarar nuevas políticas en pos de regular un clima laboral que se definía como de *alto nivel de estrés*, sobre todo en las posiciones de mayor responsabilidad de la compañía.

Todas estas vicisitudes relativas a la empresa, su historia, los movimientos propios de la competencia, las reglamentaciones del Estado y demás circunstancias coyunturales por las que atravesó y atraviesa constantemente esta empresa en particular y en consecuencia, cada uno de sus empleados, configuraron a grandes rasgos, el telón de fondo que acompañó nuestra entrada en acción.

Integrantes de la Agrupación ¿es estrés laboral?

Lic. Mirta Nakkache (fundadora y directora). Psicoanalista, miembro de la Asociación Mundial de Psicoanálisis (AMP) y de la Escuela de la Orientación Lacaniana (EOL); miembro de la Red Asistencial de la EOL y de la FAPOL, Federación Americana de Psicoanálisis aplicado a la terapéutica. Asesora en Recursos Humanos y creadora de la Interconsulta Clínica Laboral Ex. Banco Crédito (1979-1996).

Alvar Pivaral. Psicólogo y psicoanalista. Graduado en Ciencias de la Computación en la FCEyN (UBA) Master en Administración de Empresas (U.B.). Se desempeña en empresas líderes en servicios de tecnología informática.

Dra. Claudia M. Mascheroni. Médica, ex residente del Hospital Eva Perón (ex Castex) Especialista en Psiquiatría, Psicoanalista.

Elías Zubcov. Ingeniero. Fue gerente técnico del diario La Razón (1963-1978), gerente de ventas Linotype UK (1979-1983) y director de ventas de Norsk Data Comtec UK, de Noruega (1984-1993). Se desempeña como consultor de empresas.

III. Primer tiempo - Nuestra propuesta

La clave para dar un primer paso

> ¿Cómo abordar y preservar la singularidad de cada integrante, en esta empresa en particular, para que no quedaran sumergidos bajo los efectos de la imperante ideología de la evaluación, propia de la época?

Fue clave, para dar el primer paso, contar con el aval de una reconocida profesional de la salud, que se incorporaba en esos días a la estructura de la organización y que apostó fuerte a nuestra propuesta.

Su objetivo era incorporar, reorganizar y configurar en un equipo único, a un número importante de enfermeros y profesionales de la salud, que estaba tercerizado[11] hasta ese momento. Se trataba de una tarea compleja y a la vez fundamental, por la índole de la empresa, y por sobre todo, por el interés compartido con el CCO. de la empresa de velar por la salud y la integridad de todo el personal.

Dicha profesional por su apoyo y confianza, nos abrió las puertas e hizo lugar a nuestra propuesta, *inusual*, si se quiere, para el ámbito que caracteriza la gestión de los Recursos Humanos de toda empresa.

Por lo general, y esta empresa no era una excepción, lo que predominan son las Encuestas de Clima que, a través de protocolos pre- establecidos, recogen información estadística que, en nuestra opinión, no son siempre confiables en sus resultados, por el anonimato que suponen y la relación de dependencia que subyace a quiénes responden a las mismas.

---

[11] Tercerizado: supone un vínculo indirecto con la empresa, mediatizado por otro u otros entes independientes.

Existen otras herramientas que implementan los RRHH, orientadas a la evaluación, a partir de la cuales se diagraman las categorizaciones y se deciden las rotaciones, las desvinculaciones o los beneficios.

Lo más próximo a lo personalizable era, hasta entonces, recurrir a un coach para reforzar un liderazgo o bien proponer capacitaciones, siempre en la línea de la adaptación a las necesidades de la empresa.

Nuestra propuesta

> En nuestro caso, la propuesta consistió en entrevistar *a cada uno* de los integrantes de la empresa. *Uno por Uno*, más allá de sus jerarquías. Siempre que consintieran a ello.

El foco estaría puesto en la posición subjetiva de cada uno de los entrevistados en relación al trabajo y a sus vínculos: necesarios, posibles, o imposibles, *dentro y entre* los diferentes grupos de trabajo a los que pertenecían.

La confidencialidad estaría preservada en virtud de nuestra disciplina, resguardada por el secreto profesional. No daríamos informes escritos, no participaríamos de supuestas desvinculaciones, categorizaciones y demás responsabilidades reservadas y propias de los Recursos Humanos de toda empresa.

Autonomía, confidencialidad y objetividad en nuestra acción debían primar, por encima de los requerimientos eventuales de la empresa.

Por esa misma razón no tomaríamos a nuestro cargo tratamientos terapéuticos individuales, sorteando la posibilidad de incompatibilidades. Si surgía la necesidad, canalizaríamos las derivaciones a los profesionales de la salud que le proveía la empresa a cada integrante a través de sus Coberturas de Salud.

Un consultorio por fuera de la empresa serviría de marco propicio para preservar la confidencialidad, instalar y acentuar aún más la diferencia entre lo corporativo y lo personal.

Un factor excluyente y a la vez determinante, fue el de proponernos como agentes externos (*extimos*)[12] a la estructura, una suerte de "facilitadores o catalizadores" de la dinámica del trabajo.

Facilitador externo

¿Qué entendemos por *facilitador externo* en una organización y por qué surge la necesidad de este operador?

Existe un fenómeno natural por el cual después de un tiempo de pertenecer a una organización se produce una asimilación que puede llegar a naturalizar situaciones que ameritan atención.

La gestión de un facilitador externo opera llevando permanentemente el pulso del clima de trabajo y de su dinámica.

¿Cómo interviene? Conociendo el perfil de cada integrante desde una perspectiva especialmente habilitada profesionalmente para percibir, tanto las regularidades como aquello

---

[12] Éxtimos, del vocablo "extimidad" es una invención del Dr. J. Lacan, un neologismo. Lo éx-timo es lo más interior, sin dejar de ser exterior. Se trata de una formulación paradójica. El término "extimidad" se construye sobre "intimidad". En nuestra práctica en las instituciones, se trata de la posición que sostiene y mantiene el equipo de analistas. Es una posición que apunta a lo más íntimo, pero que a la vez es exterior a la institución, no forma parte de la estructura de la organización.
Miller.J.A. -Extimidad- Los Cursos psicoanalíticos de JAM- -Ed. Paidós-Edición 2010.Lacan, J (1958) *La ética del psicoanálisis*, El *Seminario*, libro 7, Ba., Paidós, 1988, p. 171Miller, J.-A. (1985) "El objeto en el Otro" en Extimidad, Buenos Aires, Paidós, p. 14.

que podrían ser detalles significativos y generadores de interferencias en las acciones esperadas.

En ocasiones facilita el acceso a los referentes directos, que son los autorizados a tomar las decisiones y llevar a cabo las acciones oportunas, en cada caso.

Catalizadores

¿Por qué definirnos también como una suerte de *catalizadores*, término proveniente de la química?

Catalizador. Se dice de una sustancia que acelera o retarda una reacción química sin participar en ella. Los catalizadores positivos aceleran la reacción, mientras que los negativos la retardan. En la mayoría de los casos se puede deducir el mecanismo de la reacción teóricamente, pero con frecuencia son indirectamente comprobables.

Tomamos prestado este término para señalar que no es indiferente la perspectiva que introducimos, como agentes de la salud, para favorecer una determinada reacción en una situación.

Se puede deducir que otro agente ajeno a nuestra acción, en la misma situación, *desde otra perspectiva*, puede generar una reacción diferente.

Con ello aludimos a que no es *inocuo* cualquier abordaje a una misma situación en particular y también, que los *resultados* son indirectamente comprobables, muy a pesar de las urgencias solicitadas.

Generar confianza

Nuestro enfoque, que rompía con lo esperado en el marco corporativo, precisó de un tiempo considerable- que aún debe sostenerse día a día- para generar, trasmitir y lograr la confianza necesaria, en todos los ámbitos de la empresa, y en consecuencia, para resultar operativo.

El factor confianza, en nuestra jerga la *transferencia*[13] no es algo que se produce de un modo espontáneo. Implica tácticas, estrategias y una política al servicio de los objetivos trazados, que son condición de una formación profesional especializada y de la experiencia adquirida.

Una maniobra oportuna

Un requisito que no partió de nosotros, sino del más alto mando de la dirección de la empresa, consistió en comenzar a implementar las entrevistas en la *primera línea* de la organización.

Según su visión, se registraba allí un clima de trabajo muy tenso que era necesario revertir.

¿Demanda genuina? ¿O puesta a prueba de nuestra eficacia?

Lo que se presentaba como un desafío nos permitió maniobrar sobre esa demanda y poner a prueba una táctica, estrategia y políticas, afines a nuestros objetivos:

Darnos a conocer y ser conocidos por cada uno de los que toman las decisiones más altas de sus áreas. Ello tuvo como efecto acceder e intervenir en sus sectores de influencia.

> Nuestra acción se interpretó como una manera de "tomar el pulso del clima emocional" en la dinámica

---

[13] Transferencia: Condición emocional que posibilita la operación analítica en los dispositivos de entrevista o tratamiento. Supone un lazo de confianza y compromiso a trabajar con el otro.
Freud, S. (1917), "Conferencias de introducción al psicoanálisis». 27 Conferencia: La transferencia Vol. 16, pág. 402
Lacan, J. El seminario, Libro 11, Los Cuatro Conceptos Fundamentales del Psicoanálisis, Cap. XVIII: Del sujeto al que se le supone saber, de la primera díada, y del bien, Ed. Paidós, Buenos Aires, 1987

del trabajo e intervenir a tiempo en lo que pudiera interferir en ella.

Por nuestra parte, confiábamos en lo que nos proponíamos y en lo que nos orientaba. Contábamos con la formación imprescindible para ello y con un deseo decidido que no abdicaría ante los obstáculos y las dificultades de operar en "ese campo", dificultades que no fueron, ni son menores.

El *cómo* se fue construyendo "a medida" y en la modalidad del *work in progress*.

IV. Segundo Tiempo - Puesta en marcha

Un dispositivo de escucha

> Partimos con una oferta que ya podemos definir como: *"un dispositivo de escucha particularizado"*. Fue una invitación a conocerlos, escuchar sus inquietudes y/o propuestas de cada uno. Se trataba de ubicar, sin interpretar, lo más singular de sus posicionamientos respecto al trabajo, satisfacciones, frustraciones, sus modos de hacer lazo con los otros, sus deseos...

Se fue instalando una mirada *inusual* en un espacio que despertaba curiosidad y despegaba, metafóricamente, a cada uno por un momento, del "cuadradito" asignado en el gráfico del organigrama de la empresa.

Pronto advertimos que el organigrama funcionaba como un *Gran Otro*, mapa de recorrido para algunos, elemento de clausura para otros, objeto persecutorio o bien incentivo de un deseo decidido.

En cada entrevista se podía recortar un detalle significativo que hacía al entrevistado único, en su singularidad y en su lazo personal con la empresa y con su contexto familiar y social.

Un hallazgo fundamental

> A partir de nuestra propuesta de entrevistar a Uno por Uno, nos encontramos con un *hallazgo* muy importante a subrayar, *la empresa*, ella misma también, lejos de ser vivida *para todos igual*, era *Una* para cada Uno, según su lazo singular y posible con ella.

Se desdibujaba de ese modo el mito de "lo corporativo" como El Otro maligno *para todos igual*. Cada uno vivía la empresa a su medida con una cualidad que resultaba de su propia construcción personal.

Y también, el *"dispositivo de escucha"* luego de los primeros momentos de desconfianza o extrañeza, producía los efectos buscados. Cada uno, en más o en menos, se abría a mostrarse con sus ansiedades, angustias o anhelos.

Y, no en pocos, se producía un verdadero *encuentro con un analista*, experiencia inédita en la mayoría de ellos.

Estos primeros tiempos de nuestra intervención, marcaron un antes y un después del *para todos igual*.

Y es justo decir, que no sólo para los entrevistados, sino ¿por qué no? para nuestros propios prejuicios.

V. Tercer tiempo -Una práctica inusual

Una práctica entre varios

> El hacer prevalecer la ética de la singularidad por sobre el ideal que propone el management, generó un particular abordaje que coincidimos en llamar una *práctica entre varios*[14]
>
> En nuestro caso particular, esta variedad de la práctica, se construyó sobre la base de la magnitud de la población a abarcar y de la posibilidad que nos dio la empresa de entrevistar, *cada año, a cada uno de los integrantes de las distintas áreas en las que estaba configurada la empresa*. Ello incluía también nuestros desplazamientos a las llamadas Unidades de Gestión instaladas en distintas regiones de nuestro país, en donde se desarrollaban las operaciones específicas.

Nuestra particular interpretación

En la práctica, cualquiera de los que formamos parte del equipo, sin distinción, estaba en condiciones de entrevistar

---

[14] Una práctica entre varios (Une pratique à plusieurs) es el nombre dado por Jacques-Alain Miller y retomado entre otros por Antonio Di Ciaccia, a una modalidad inédita de trabajo clínico que se gestó a partir del trabajo con niños autistas y psicóticos y que fue desarrollado por parte de diversas personas en un contexto institucional preciso.
Muchas experiencias, en instituciones distribuidas en varios países – Bélgica, Francia, Italia, España, Israel. Brasil, Argentina – prueban la plasticidad del método, que de hecho ha sido reinventado en instituciones de varios tipos: escuelas regulares, guarderías, centros de escucha y de asistencia social, clínicas de asistencia psicológicas; **y en nuestro caso, por primera vez, en el campo laboral.**
Esta modalidad de trabajo hace referencia al psicoanálisis de Sigmund Freud según la enseñanza de Jacques Lacan. Sin embargo, ella no prevé la utilización del dispositivo analítico clásico, ya sea diván, frecuencia secuencial o con un analista en particular.
Es un dispositivo institucional sui generis. Lo que tiene en común con los dispositivos clásicos es que responde a las necesidades del sujeto que padece y puede despegarse de la necesidad institucional. Lo interesante es que además, se trata de un modelo que se puede reinventar en diversas y diferentes instituciones, y permite apreciar los principios de eficacia terapéutica del psicoanálisis.

a cualquiera de las personas, en las diferentes ocasiones que nos convocaran.

Ello era posible gracias a nuestros registros internos, confidenciales, y a las elaboraciones semanales del equipo, que nos mantenía al tanto de cada situación particular, año tras año.

Nuestra particular interpretación de la *práctica entre varios* se sustenta en la concepción de lo que entendemos que hace *de partenaire de un sujeto.*

Ello no depende del lugar físico y ni del profesional del equipo en cuestión que ocupe, ocasionalmente, el lugar del que escucha, sino de **la posición** del profesional en la escucha.

Es *la posición* de quién recibe a la persona, el lazo que se mantiene con la ética que nos orienta y *la relación que se genera con el otro,* el entrevistado, que viene a nuestro encuentro en *ese dispositivo peculiar.*[15]

Lo que opera es la particular modalidad de *discurso* que se instala producto del dispositivo de escucha. El foco apunta a los síntomas que distinguimos y al *tiempo lógico*[16], no cronológico necesariamente, que es lo que se recoge en las elaboraciones del equipo y que da lugar a nuestra acción.

Las elaboraciones del equipo

El equipo, conformado por cinco profesionales, provenientes de una doble inserción, en el campo de la salud y en

---

[15] Miller J.A, El lugar y el lazo, clase del 15 de noviembre del 2000 Pág. 21, Reinventar el psicoanálisis.

[16] Tiempo lógico: es el tiempo intersubjetivo que, según el Dr. J. Lacan, estructura la acción humana, oponiéndose así al tiempo cronológico. Se basa en una tensión entre aguardar y precipitarse, entre la vacilación y la urgencia. Se trata de tres instancias temporales: el instante, el tiempo y el momento; vinculadas a tres acciones: ver, comprender y concluir. Lacan, J., "El tiempo Lógico y el aserto de certidumbre anticipada. Un nuevo sofisma", Escritos I, Siglo XXI. Buenos Aires. 1988

el de las organizaciones, se reúne internamente, una vez por semana.

Esas reuniones dan lugar a una *transferencia de trabajo*[17] que permite una *elaboración provocada*[18] en la que se despejan y se ubican, tanto los diversos síntomas detectados, como un diagnóstico presuntivo de la situación particular y las estrategias a implementar en cada caso. Se trata de extraer la lógica de cada caso y se opera en consecuencia.

También, el deliberar entre nosotros, nos mantiene actualizados y, por sobre todo, a distancia de la *imaginería* propia de cada uno, es decir de todo aquello que podría obturar nuestra propia acción.

---

[17] Transferencia de trabajo: Término usado por J. Lacan en el Acto de fundación de la Escuela Freudiana de París el 21 de junio de 1964, para referirse a la transmisión del psicoanálisis. entendido como pase de trabajo con carácter activo, por el cual se participa del trabajo con quien lo introduce, lo autoriza y que con su presencia lo sostiene y lo garantiza. Es lo que se traduce en: *Hacer lazo de uno con uno, con otro y no necesariamente de uno con todos*. J.-A. Miller, El banquete de los analistas, Paidós, Buenos Aires, año 2000.

[18] Elaboración provocada: es lo que resulta del trabajo conjunto en un cartel. El cartel es un dispositivo de trabajo grupal propuesto por Lacan que tiene en cuenta los *efectos de grupo* y por su funcionamiento apunta a minimizarlos. Los *efectos de grupo* se asocian a emociones básicas que se manifiestan en los grupos y que interfieren en la consecución de los objetivos de un grupo de trabajo. Asociación Mundial de Psicoanálisis, Buenos Aires, 1992, https://www.wapol.org/es/las_escuelas/Template.asp?Archivo=el_cartel.html Lacan, J., "El atolondradicho", en Otros escritos, Paidós, Argentina, 2012

VI. Cuarto tiempo - Consolidación de la demanda

De la oferta a la Demanda

> En los comienzos no estábamos frente a una *demanda* al modo en que habitualmente se nos presenta un potencial paciente en el consultorio. Lo usual es que sea el paciente, el que solicita la entrevista.
>
> En nuestro desembarco en la empresa se trataba de **una oferta**.
>
> La *oferta* partió de nosotros, se trataba de entrevistar a todo el personal que lo deseara, sin excepciones.
>
> No acogemos a cada entrevistado bajo el criterio de "paciente", sino bajo la perspectiva de dar a conocer nuestro espacio de escucha.

Esa modalidad de intervención (entrevistas individuales con cada interesado) nos permitió conocer a la mayor parte del plantel en su particularidad, ir estableciendo un vínculo con ellos, conocer las áreas en las que se desempeñaban e ir generando una *transferencia*[19] – en el sentido psicoanalítico del término- que nos habilitó a posteriores y eficaces intervenciones.

Nuestra posición nunca varió en lo esencial. Los instrumentos que se ponían en marcha eran los mismos que sostienen nuestra posición analítica: la escucha, la detección

---

[19] Transferencia, ver nota 15 Condición emocional que posibilita la operación analítica en los dispositivos de entrevista o tratamiento. Supone un lazo de confianza y compromiso con el otro.
Freud, S. (1917), "Conferencias de introducción al psicoanálisis". 27 Conferencia: La transferencia Vol. 16, pág. 402
Lacan, J. El seminario, Libro 11, Los Cuatro Conceptos Fundamentales del Psicoanálisis, Cap. XVIII: Del sujeto al que se le supone saber, de la primera díada, y del bien, Ed. Paidós, Buenos Aires, 1987.

de un malestar, si lo hubiere, y la ubicación de una situación sintomática a resolver con él, o los actores involucrados.

La consecuencia y los efectos de esa oferta primera y de nuestra modalidad de escucha, dieron lugar a *demandas individuales* de quienes necesitaban una orientación particular.

Creación de nuevas formas de atención

A las *entrevistas individuales*, le sucedieron otros *dispositivos de atención* creados, como consecuencia de los efectos que se produjeron al invertirse la Demanda (de la oferta a la demanda) y de nuestros propios hallazgos.

Ello nos permitió canalizar las urgencias o los seguimientos necesarios para quiénes deseaban sostener las posiciones logradas, buscadas, y/o deseadas, tanto en el marco laboral, como familiar o social de cada entrevistado.

El *Soporte Personalizado Permanente* (SPP)

La magnitud del emprendimiento y la recepción que fuimos obteniendo, dio lugar a la creación de otro dispositivo que denominamos *Soporte Personalizado Permanente*. El SPP fue la consecuencia de lo que denominamos una "inversión de la Demanda". Ya no éramos nosotros quienes citábamos, sino ellos quiénes nos convocaban.

En efecto, el ofrecimiento y las acciones primeras en nuestro "desembarco" en la empresa, generó un campo propicio *transferencial* para que cualquiera que lo deseara pidiera ser entrevistado.

Si en las entrevistas efectuadas, cada año, a todo el personal ubicábamos la importancia de hacer un seguimiento en particular, lo señalábamos a modo de sugerencia. Quién lo consideraba relevante podía acceder a ello.

> Consistía en *una serie de entrevistas* enfocadas a la situación singular que nos presentaba cada quién, ya sea como inquietud o como problemática. Cuando se alcanzaba cierta satisfacción de lo propuesto y trabajado, se daba por concluido ese proceso, con las derivaciones, siempre diversas, que cada caso ameritara.

EL Buzón

Un link confidencial, habilitaba a quién lo quisiera a enviar un pedido de entrevista. Estaba especialmente destinado a lo que se llamó, dentro de la empresa, *nuestro programa*.

> Su importancia superó nuestras expectativas ya que ofició y oficia actualmente de recurso que da vía libre y confidencial, a cada integrante para acceder a nuestro espacio de atención, sin mediación alguna y más allá de las limitaciones geográficas.

El inevitable *"radio pasillo"* encontraba un canal para expresarse y neutralizarse, al mismo tiempo.

Encuentros Periódicos de Integración (EPI)

> Este dispositivo surge como consecuencia de los innumerables "efectos de grupo"[20] inherentes a toda práctica grupal, más específicamente, aquellos efectos

---

[20] *Efectos de grupo*, ver nota 17 se asocian a emociones básicas que se manifiestan en los grupos y que interfieren en la consecución de los objetivos de un grupo de trabajo. Asociación Mundial de Psicoanálisis, Buenos Aires, 1992, https://www.wapol.org/es/las_escuelas/Template.asp?Archivo=el_cartel.html
Lacan, J., "El atolondradicho", en *Otros escritos*, Paidós, Argentina, 2012.

> que pudieran afectar la dinámica esperable de un grupo de trabajo.
>
> Responderían a un formato variable, acorde a cada situación específica. Su creación apuntaba a la regulación y/o articulación, de la dinámica de trabajo de un sector o entre sectores.

Lejos de los llamados *focus group* o espacios que propician efectos *auto-referenciales*, los EPIs apuntaron a señalar la importancia de instalar la conversación, el diálogo y un fluir discursivo que permitiera operar en la lógica de los *discursos*[21]

Su finalidad era desarticular el discurso único, dominante o los monólogos obturadores, favoreciendo lo que se espera de un intercambio saludable, tal que pudiera incorporar las diferencias.

La modalidad del EPI, o "montaje" (término que aludía a la inventiva y creatividad para cada situación) se decidía caso por caso y en inter-relación con los interesados o referentes responsables.

Podía tener como disparador un tema técnico de interés general o de organización, posterior a una reestructuración.

Pero también apuntar a temáticas orientadas a la diferencia entre *grupo de trabajo y equipo de trabajo, u otras modalidades de formar grupo.*

Algunos ejemplos de EPIs

I. Los *primeros* EPIs se realizaron en Junio y noviembre de 2012 en las áreas de la compañía en las que se detectaban situaciones de estrés vinculadas a la desconexión entre sectores.

---

[21] Discursos: De acuerdo al Dr. J. Lacan (Seminario XVII), los discursos son las distintas formas posibles del lazo social. Lacan distingue cuatro formas de discursos a las que denominó, el Discurso del Amo, el Universitario, el histérico y el del analista. Lacan, J. El *seminario*, Libro 17, El *Reverso del Psicoanálisis*, Ed. Paidós, Buenos Aires, 1992.

Se extrajeron de ellos múltiples y diversas inferencias. Cuestiones referentes a tipos de liderazgos, manejo de la información e intercomunicación.

En un primer período fueron centrales para analizar y exponer las modalidades de interrelación entre las diferentes unidades de gestión, situadas en puntos distantes de Buenos Aires. Se trataba de intentar romper con los mitos instalados en cada Unidad de Gestión.

En un segundo período se verificó la eficacia del **Buzón de propuestas** implementado. Se caracterizó por una participación personalizada de aquéllos que propusieron diversas iniciativas y obtuvieron respuesta satisfactoria.

En los años posteriores el acento se focalizó en favorecer lo que denominaron la relación Cliente Interno y el Cliente Externo. Se crearon para ello *"espacios de conversación"* que estimularon el intercambio y fijaron pautas respecto de las modalidades de interrelación y sus efectos.

Se favoreció de ese modo el trabajo en equipo, el esclarecimiento de las diversas modalidades discusivas y los efectos que conllevan.

Se desarrolló el concepto de *transferencia de trabajo*, entendido como *pase* de trabajo con carácter *activo*, por el cual se participa del trabajo con quien lo introduce, lo autoriza y que, con su presencia lo sostiene y lo garantiza.

Es lo que se traduce en: *Hacer lazo de uno con uno, con otro y no necesariamente de uno con todos.*

EPIs con la Estructura Sanitaria, que responde a la Compañía

En abril y agosto de 2013 se efectuaron los primeros Encuentros con el personal de enfermería y los médicos abocados a la tarea de atender la salud de todos los miembros de la Compañía.

Con ellos y con los que les sucedieron, el foco estuvo puesto en la interrelación entre enfermeros y médicos. Se planteó la necesidad de un trabajo en equipo que implicara el compromiso y la responsabilidad de cada uno con el otro, como condición de un clima laboral satisfactorio y eficaz.

Los posteriores Encuentros evidenciaron una mayor consolidación de la estructura sanitaria en sí misma y sobretodo, la legitimación de la autoridad de cada uno respecto de su rol en la empresa.

Se plantearon cuestiones que permitieron esclarecer e instalar la dificultad de *conectarse con el cuerpo*, inherente a las personas, sobretodo en un ámbito de trabajo en el que se exigen eficacia y resultados, en tiempos perentorios.

Se disipó de ese modo un malentendido basado en la interpretación del supuesto rechazo de la oferta de sus servicios por los integrantes de la compañía. Era sentido por ellos como un menosprecio a su labor, y no como una posible defensa inconsciente frente al temor de un desorden corporal.

Asociaban la indiferencia que manifestaban algunos por la prevención (registro de la presión y otros items de sus competencias) con destrato o falta de reconocimiento en sus responsabilidades de cuidar la salud de todos.

La relación *enfermero-médico y personal de la salud- integrantes de la empresa* fue el eje fundamental de nuestra acción como equipo.

El objetivo fue generar un ámbito favorable para facilitar la conversación por fuera de las jerarquías y de los prejuicios que obturaban las capacidades y el deseo de cada uno.

Los *Encuentros* que se sucedieron tuvieron un carácter académico y personalizado, ya que muchos presentaron trabajos y siguen haciéndolo, en la actualidad, los cuales son expuestos en Congresos afines, cada año.

VII. Quinto tiempo - Preservar la identidad

Preservar la identidad de nuestro espacio

A lo largo de estos años fue creciendo exponencialmente la estructura que comprende la gestión de la Salud, hasta constituirse en una entidad en sí misma, *independiente de nuestra gestión directa.*
Se incorporaron múltiples y diversas actividades.
Una variedad de eventos en los que se ofrece la participación de todos los integrantes de la Compañía.
Conferenciantes que ofrecen diferentes enfoques y plantean diferentes abordajes acerca del "bienestar".
Espacios de canto, torneos, teatro, manualidades, celebraciones participativas, safaris fotográficos y hasta una Radio consagrada a los enfermeros que atienden en las distintas Unidades de Gestión, en sitios lejanos, donde se desarrollan las operaciones propias de esta industria.
¿Nuevas formas de preservar la singularidad de cada uno?
¿Cómo interpretarlo? Es innegable que dieron y dan oportunidad a cada integrante de la empresa a generar nuevos lazos, a expresar y descubrir sus talentos, desconocidos o no, y a compartirlos con quienes lo desearan.
Cada uno a su manera... con **la impronta de la empresa y para la empresa.**
Fomentan espacios de encuentro, aún en el mismo espacio físico, rediseñado y muy acogedor, que dista mucho de ser una oficina convencional.

Nuestra implicancia en este punto

Atentos a que nada escapa a los *efectos de grupo* que pueden surgir en esos micro espacios, ya sea por la

> presión que sienten algunos por destacarse, o acaso por no quedar excluidos de una pertenencia que les daría cierta visibilidad, nuestro espacio *recoge los efectos*.
>
> Se ofrece y es reconocido para abordar aquéllas cuestiones que pudieran derivarse de la exposición de cada uno *frente a otros* o *entre otros*.

El equipo de ¿Es estrés laboral?

Siempre fiel a su identidad del caso por caso, se propone en este punto estar atentos a escuchar las demandas que surjan desde ese marco.

Nuestra posición éx-itima nos da la oportunidad de estar al tanto de las *variaciones*, participar y escuchar, sin que por ello quedemos enredados en *una misma melodía*.

Segunda Parte

- VIII. Apartado Clínico
- IX. Lo innovador de la experiencia
- X. De nuestros antecedentes
- XI. Los que influyeron y posibilitaron esta experiencia

VIII. Apartado Clínico

> Las personas que vienen a nuestro espacio, por lo común, no vienen con una demanda de análisis. Nosotros les ofrecemos un lugar donde alojar sus preocupaciones o inquietudes y la oportunidad de un encuentro con un psicoanalista.

Pueden comenzar diciendo: *todo va muy bien en el trabajo* con reparos acerca de la confidencialidad o de las posibles consecuencias de lo que puedan decir.

Sin embargo se produce en ese encuentro una vacilación y una sorpresa que instala un circuito discursivo de una naturaleza bien diferente al que la empresa los acostumbra.

No los espera un cuestionario, no hay preguntas, se lo invita a conversar. Se logra poner a distancia ese mito del "*Otro perseguidor*" encarnado en la empresa. Se produce entonces, en la mayoría de los casos, un genuino *encuentro*.

Frente a cada situación que nos llega se trata de analizar si estamos o no delante de un "caso" ¿Caso clínico o caso ético? O simplemente *un buen encuentro*.

Habrá que traducirlas en el marco de nuestra práctica analítica, siempre advertidos de no quedar presos de las urgencias subjetivas que pudieran interferir en nuestra escucha, procedan desde dónde procedan.

Ilustraré algunos *acontecimientos clínicos* mostrando cómo nuestra experiencia psicoanalítica nos ha permitido operar con la relación: *caso y empresa* y, a su vez, dar cuenta *de cada caso y... caso por caso*.

Hemos escogido algunos ejemplos de entre las más de cuatro mil entrevistas, seguimientos e intervenciones efectuadas a lo largo de estos nueve años.

La intención es dar cuenta de los múltiples y diversos efectos que nuestras intervenciones han provocado en las más variadas circunstancias.

Y, también apreciar y diferenciar una modalidad de intervención que se sitúa por fuera de la sugestión o el coaching empresarial o personal.

No obviamos cuáles son nuestros límites, ni las circunstancias que exceden nuestros resortes.

El deseo de provocar un *despertar* se muestra prudente allí donde la *defensa* da señales de no ser "perturbada", por ejemplo en los trastornos del cuerpo que pondrían en riesgo la vida misma del sujeto.

Ejemplos:

Así se verá cómo, en un caso, el aflojamiento de las identificaciones: puede aliviar a un sujeto. (Sos *para la B!!*, caso de mobbing?)

Cómo, en otro, un sentido o significado fijo, al ser puesto en movimiento abre a la dimensión terapéutica del deseo. (*Desapego*)

Cómo la vacilación de un sujeto puede ser detenida mediante la instalación de un punto de "basta". (*Punto de capitón*)[22] (*Caso "Me mandé una"*)

También se verá cómo nuestra práctica extiende sus efectos y alcanza un contexto personal que rebasa el marco empresarial. (*Caso Salir del anonimato*)

Verificación de nuestra acción: *se ha invertido la demanda!!*

Cuando decimos que *se ha invertido la demanda*, hacemos referencia a que, luego de nuestra *oferta* inicial, se produjo una apertura a un campo emocional particular.

---

[22] Punto de capitón: Se denomina así al momento en el que se hace una puntuación o un corte en la secuencia de palabras, dichos u oraciones de un paciente o entrevistado.
Lacan, J. El seminario, Libro 3, Las Psicosis, Cap. XXI: El punto de almohadillado, Ed. Paidós, Buenos Aires, 1984

Ello, no sólo nos permitió operar desde nuestra posición de analistas, sino que, en la actualidad es el personal de la compañía quien pide nuestro servicio. El *buzón* con un link directo y confidencial, es el medio de acceso directo a quién lo requiere.

Algunos ejemplos de nuestra práctica[23]

- **La silla Vacía**
- **Hacerse cargo ¿de todo?**
- **La Sra. G.**
- **Me mandé una!!**
- **¿Un caso de mobbing?**
- **Salir del anonimato**
- **Cuando hablar...quiere decir**
- **Ayuda humanitaria ante un conflicto**

---

[23] Atentos a la confidencialidad de nuestra acción, todos estos ejemplos han sido preservados en su identidad y modificados en todo aquello que pudiera identificarlos personalmente.

La Silla vacía

P. es un joven profesional, graduado en Administración de empresas con un postgrado en curso. Trabaja en un área de ventas con una actividad que es 7x24, por lo que se organizan guardias entre todos los integrantes del grupo para cubrir todos los horarios. Es un joven con capacidades de liderazgo y aptitud para las ventas.

El grupo de ventas es muy cohesionado, con una relación de amistad entre los integrantes desarrollada alrededor de un hobby que comparten: hacer viajes todos juntos.

El líder del grupo, es el Sr. Z[24] eficaz, eficiente, con una excelente relación con el equipo y cierta actitud paternalista hacia sus colaboradores.

En una de las salidas del grupo, se produce un accidente donde muere uno de los integrantes. El acontecimiento trágico e imprevisto, conmociona a todo el equipo y en particular al líder del sector, que se ve embargado por una gran angustia que lo lleva a pedir ayuda a nuestro equipo.

El equipo interviene, trabajando con *cada uno* del total de los integrantes del sector. Atentos a la manera singular en que cada cual podría posicionarse respecto de la situación. Unos con mayor o menor apego, según sus circunstancias o su constitución emocional.

Cada entrevista preservó la confidencialidad de cada uno y sin que las operaciones propias del sector se detuvieran.

Al Sr. P. le tocaba cubrir la guardia ese mismo día. Debía asumir las tareas de su compañero y amigo fallecido. Comenta la gran dificultad para seguir adelante y lo duro de ver *la silla vacía* especialmente solo, de noche, en la oficina.

El trabajo con el líder, el Sr. Z fue clave para que el grupo, con los efectos inevitables y entendibles, recuperara la cohesión apropiada a un *grupo de trabajo*.

---

[24] Sr. Z, Se efectuó un trabajo particular con él que denominamos: Hacerse cargo ¿de todo? Que figura en Casos Clínicos.

El Sr. *Z* consideró inapropiado que, en esta ocasión, intervinieran otros agentes de la salud, con una propuesta de 'Taller sobre el duelo" bajo la modalidad de un grupo de autoayuda.

Captó lo innovador de nuestra Agrupación ¿Es estrés laboral? tal que, al crear dispositivos *sui generis* nos permitía trabajar en el cruce de dos discursos incompatibles: el del *management empresarial* y el *psicoanalítico*.

Por un lado se preservó a cada uno en su singularidad, frente a un duelo que los involucraba a todos. Al mismo tiempo se continuó con la dinámica del trabajo "habitual" del sector, es decir que no se detuvo, producto de la contención emocional de cada uno y que, de haberlo hecho, hubiera implicado un costo irrecuperable a la compañía.

Por otro lado, la *política del síntoma contraria a la homogenización*, que es nuestra brújula, dejó al descubierto una angustia difícil de compartir todos juntos pero que, sin embargo, pedía a gritos poder *ser oída*.

Lo que les importaba a unos más que a otros, era que pudiéramos ocuparnos de alguien que, aunque no pertenecía al grupo, suponían que estaría muy afectado por la tragedia. Y de no haber "salido a la luz", quedaría al margen de nuestra atención.

Es encrucijada, se transformó en un grito silencioso, de a uno y, Uno por Uno.

El poder hablar de ello, separadamente, permitió incluir a dicha persona en el trabajo de duelo. Se le ofreció incluirse a las entrevistas a través del dispositivo denominado *Soporte Personalizado Permanente* (SPP), que derivó más tarde, en un pedido de análisis personal y en el alivio de sus compañeros.

Equipo de es estrés laboral?

Lic. Mirta Nakkache, Dra Claudia Mascheroni,
Alvar Pivaral y Liliana Graiño

Hacerse cargo ¿de todo?

Un sector de una compañía tiene como característica: "no poder parar de funcionar en ningún momento del día". Tiene que ver con que el producto que venden no puede almacenarse y tiene que ser comercializado inmediatamente). Este movimiento circular e infinito se ve conmovido por un acontecimiento: la muerte accidental de un joven empleado que estaba a cargo de los registros y oficiaba de "mano derecha" del líder del sector.

Esta hiancia, este intervalo inesperado, en este contexto, comienza a hacer síntoma en varios de sus compañeros, en los jefes y en el sector en general, haciendo tambalear la estructura y la producción.

Nuestro dispositivo de entrevistas ya había creado a lo largo de varios años, un *campo transferencial* [25] significativo. Nuestro equipo había entrevistado a varios de los integrantes del sector antes del accidente y es en ese marco transferencial que el líder del área nos solicita una intervención posible.

En este campo operatorio fértil, decidimos trabajar con nuestro sesgo: *el uno por uno,* a pesar de que se les proponía del área de RRHH un "taller de elaboración del duelo" a todo el grupo.

Ofrecimos un espacio de entrevistas a cada uno de los miembros del sector que lo deseara, con el fin de trabajar, cómo esta muerte les había impactado en particular. Allí comienza un trabajo con la mayoría del sector.

Se los acompañó en el tiempo del duelo, respetando sus singulares modos de transitarlo. Efectuamos un seguimiento particularizado para desentrañar en cada uno sus resonancias y su *saber hacer ahí,* con esa irrupción[26].

---

[25] Campo transferencial, es el que se establece en base a una condición emocional que se inaugura en la relación con el terapeuta.

[26] Retomaremos los efectos y las consecuencias de nuestra intervención en las 23 personas entrevistadas en el caso que denominamos "*la silla vacía*".

Voy a detenerme en la particularidad de las entrevistas con el líder que solicita la acción de nuestro dispositivo en la compañía. El Sr. Z.

El Sr. Z es un hombre joven, desde hace varios años está en posiciones de liderazgo dentro del sector. Tiene una modalidad firme y paternal a la vez. Muchos de los empleados a su cargo, son como "hijos" para él. También tiene los suyos propios. Trabaja incansablemente.

El accidente, en que muere su empleado, fue para él un punto de inflexión. El Sr. Z estaba desbordado, veríamos pronto que no sólo por las funciones que cumplía ese empleado, sino por el afecto especial que ambos habían establecido. En esta situación desesperada, se ubica el pedido de ayuda para que intervengamos.

Él también se incluye para ser entrevistado. Las entrevistas se sucedían con un monto de angustia que le hacía difícil valerse de sus recursos habituales.

La pérdida, *esa* pérdida inesperada hace que Sr. Z se angustie de un modo desconocido para él, por lo menos en lo referente al mundo del trabajo. En las entrevistas comienzan a aparecer cuestiones que le revelan y develan razones sobre su historia, en las que resonaban pérdidas inesperadas y en consecuencia, su posición en la vida.

El Sr. Z funcionó siempre como el sostén incondicional de su familia, dirá "Como una suerte de super-padre".

Intervengo en las entrevistas puntuando la frase "como un super- padre" en un intento de vaciar de sentido esa posición. Posición que replica en su modalidad de liderazgo en la empresa y que ahora le resulta incompatible, por la exigencia que lo desborda.

El Sr. Z puede subjetivar su posición. Decide comenzar un análisis. Después de varios meses de seguimiento en nuestro equipo, en el dispositivo que denominamos SPP, "Seguimiento personal permanente" pudo rearmarse respecto del duelo de la muerte de su empleado.

Trabaja ahora en el mismo sector ya reestructurado, en una posición donde sin perder liderazgo, ya no debe ni siente que debe *"hacerse cargo de todo".*

La irrupción de esa muerte inesperada, fue para él un acontecimiento imprevisto que actualizó lo vivido en el plano personal, Fue entonces que quedó fijado a una posición de necesariedad que él definió como *"tener que hacerse cargo de todo".*

Al replicarse, esa posición, en el marco de la empresa, se tradujo en deber mostrarse completo, sin falla. Posición que al hacer síntoma, es decir tornarse disfuncional a sus posibilidades, lo condujo responsablemente, a trabajarla en un análisis.

Ese *circuito infinito* con el que, casualmente se definía a su sector; sector donde "no se puede parar", pudo preservarse en virtud de nuestra intervención, atendiendo a cada uno de los integrantes en la situación de duelo.

En el Sr. Z. se instaló un punto de inflexión, un personal e íntimo punto de "basta" que lo interrogó en su ¿hacerse cargo... **de todo?**

Dra. Claudia Mascheroni

Lic. Mirta Nakkache

La Sra. G:

Una práctica entre varios[27]

La Sra. G. trabaja en la compañía desde hace años. Es convocada a concurrir al dispositivo dentro de entrevistas programadas a todo el personal de la compañía que lo desee, cada año. Es la cuarta vez que concurre en estos siete años.

La particularidad de este caso es que la persona no fue entrevistada siempre por el mismo entrevistador, sino que sin proponérnoslo, cada vez, fue vista por uno del equipo de ¿es estrés laboral?[28] diferente.

Con cada uno, la Sra. G. fue desplegando algunas cuestiones. En la primera entrevista deja entrever rasgos de autosuficiencia y responsabilidad, en la segunda se vislumbra un esbozo de transferencia con el espacio, en la tercera, afirma aún más el tipo de lazo con nuestro dispositivo, se explaya sobre la relación con sus compañeros y aprecia las diferencias.

En todos los encuentros agrega *un decir* sobre su situación personal, por fuera de la compañía, y va trasmitiendo algo de su historia.

---

[27] Una práctica entre varios: (Une pratique à plusieurs) es el nombre dado por Jacques-Alain Miller y retomado entre otros por Antonio Di Ciaccia, a una modalidad inédita de trabajo clínico que se gestó a partir del trabajo con niños autistas y psicóticos y que fue desarrollado por parte de diversas personas en un contexto institucional preciso.
Muchas experiencias, en instituciones distribuidas en varios países –Bélgica, Francia, Italia, España, Israel. Brasil, Argentina– prueban la plasticidad del método, que de hecho ha sido reinventado en instituciones de varios tipos: escuelas regulares, guarderías, centros de escucha y de asistencia social, clínicas de asistencia psicológicas; **y en nuestro caso en el campo laboral.**
Esta modalidad de trabajo hace referencia al psicoanálisis de Sigmund Freud según la enseñanza de Jacques Lacan. Sin embargo, este bordaje no prevé la utilización del dispositivo analítico clásico, ya sea con diván, o por el tipo de frecuencia, o con un analista en particular.
Esta modalidad tiene en común que responde, y ello sí, semejante a todos los otros dispositivos de atención, a las necesidades del sujeto que padece, y no necesariamente o únicamente a las necesidades institucionales.
Lo interesante y fundamental es que además, se trata de un modelo que se puede reinventar en diversas y diferentes instituciones, y permite apreciar los principios de la eficacia terapéutica del psicoanálisis.

[28] Agrupación ¿Es estrés laboral? www.estlaboral.com.ar

Comienza cada entrevista siempre amparada por sus funciones laborales y pronto las entrevistas dan lugar a una enunciación singularizada que nos abre la puerta a su vida personal.

Pese a los intervalos cronológicos entre cada una de las entrevistas, es como si el tiempo no pasara en lo que respecta a la transferencia con el dispositivo que la recibe. (Podía pasar más de un año entre cada entrevista)

En nuestras reflexiones internas y elaboraciones de equipo, coincidimos en manejarnos con intervenciones mínimas, dejar hablar, estar atentos al impacto de la palabra sobre el cuerpo y, a la aparición o no de la angustia.

En la última entrevista, hasta el momento, la Sra. G dice, llorando y visiblemente angustiada, que está muy afectada por un tema muy personal, que despliega ampliamente. Punto de un *real*[29] que la hace formular una demanda[30] de análisis.

Se le propone una nueva entrevista para colaborar en la orientación y la elección del profesional pertinente, en caso de que ella estuviera de acuerdo. Se muestra visiblemente aliviada.

Algunas puntuaciones.

Se ha hecho presente la mujer, su angustia frente a una problemática que el psicoanálisis de nuestra orientación puede abrirle una puerta, más allá de la estigmatización que otros abordajes terapéuticos podrían ofrecerle.

Qué hace posible este advenimiento? Ha sido crucial en el devenir de este caso la posición de los cuatro integrantes del equipo clínico, que se mantuvo firme en los principios de nuestra práctica. Cada uno a su turno y aleatoriamente.

---

[29] Real: Una de las categorías que junto a lo simbólico y a lo imaginario integran la estructura psíquica. Lacan da distintas definiciones de lo real a lo largo de su obra. Ver en: Lacan, J. La tercera. En E. d. Lacaniana, Revista Lacaniana de Psicoanálisis. Buenos Aires: EOL, 1974. Lacan, J. El seminario, Libro 20, Aun, Capítulo VIII: El saber y la Verdad Ed. Paidós, Buenos Aires, 1992.

[30] Demanda: en psicoanálisis término con el que se expresa una necesidad que vehiculiza un deseo al que se deberá poder acceder.

Se trató en todos los encuentros de hacer entrar el discurso del inconsciente en una modalidad discursiva, histerización[31] que habilitara el discurso analítico[32].

Intervención discursiva que orientó sus decires a la pregunta que decidirá, más adelante sus acciones más personales.

No ha sido necesario que el analista fuese el mismo, sino que la posición de cada uno de los que intervinimos en este caso, se sostuviera y que, a la vez sostenga la posibilidad de poner en juego su deseo.

Lejos de obturar el decir de la Sra. G. por la vía de cerrar con interpretaciones sus dichos, se trataba de permitir que operara el deseo del analista[33].

El deseo del analista, entendido en las antípodas del deseo de saber, sino orientado a la aparición de *lo real*[34] en juego, en este caso, donde se hacía presente la angustia de la Sra. G, ante su no saber.

Ello le permitió tomar distancia de su identidad primera, ligada a su lugar dentro del organigrama empresarial y comenzar a hablar de su dolor más íntimo.

Nuestro dispositivo se fue insertando a contrapelo de los espacios habilitados en las empresas para cuestiones laborales.

No sin sorpresa para nosotros mismos, fuimos plasmando un lugar de encuentro diferenciable para la Sra. G. Una escucha *non*

---

[31] Histerización: condición necesaria y favorable par obtener la flexibilidad del decir del paciente, que permite al analista intervenir en su discurso y operar un movimiento en su posición subjetiva. Ver en Seminario 17 de J. Lacan.

[32] Discurso analítico: De acuerdo al Dr. J. Lacan (Seminario XVII), los discursos son las distintas formas posibles del lazo social. Lacan distingue cuatro formas de discursos a las que denominó, el Discurso del Amo, el Universitario, el Histérico y el del Analista. Lacan, J. El seminario, Libro 17, El Reverso del Psicoanálisis, Ed. Paidós, Buenos Aires, 1992.

[33] Deseo del analista: Concepto psicoanalítico, que apunta a la ética, a una posición que remite a la responsabilidad del analista en la dirección de la cura, que apunta en la clínica a desmontar la defensa contra lo real, a liberarla del sentido. J. Lacan Seminario XXIV. Lección del 11 de enero de 1977. retomado por J.A. Miller en la presentación del tema del IX Congreso de la AMP.

[34] Real: Una de las categorías que junto a lo simbólico y a lo imaginario integran la estructura psíquica. Lacan da distintas definiciones de lo real a lo largo de su obra. Ver en: Lacan, J. *La tercera*. En E. d. *Lacaniana, Revista Lacaniana de Psicoanálisis*. Buenos Aires: EOL, 1974.

dupe[35] a la espera de ese inconsciente que habría de liberarla de su defensa contra lo *real*. (Lo imposible de modificar)

Allí donde pudiera actuar un modo de *goce*[36] muchas veces aliado al "confort" de lo habitual en el marco laboral, se hace presente la sorpresa, el enigma de estar frente a alguien no inquisidor y del que no depende su promoción o, en extremo, su desvinculación de la empresa.

Ello produce el vacío desde donde asoma el sujeto de la enunciación. Hay efectos de sujeto y del compromiso con su cuerpo, expresado en su angustia.

Experimenta tal vez, por primera vez, el valor y los efectos de su palabra, la que hace impacto en su cuerpo y que la hará amo y señor de sus más ansiados deseos.

El equipo de Es estrés laboral?

Una práctica entre varios

---

[35] Non dupe: persona no ingenua.

[36] Goce: es el nombre lacaniano de la satisfacción pulsional. En el psicoanálisis, goce y placer son fundamentalmente opuestos. El placer tiene que ver con lo que hace desaparecer la tensión, de tal manera que el placer es lo que le pone un límite al goce. El goce, en cambio, "es siempre del orden de la tensión, del forzamiento, del gasto, incluso de la hazaña. Incontestablemente hay goce en el nivel donde comienza a aparecer el dolor, y sabemos que es sólo a ese nivel del dolor que puede experimentarse toda una dimensión del organismo que de otro modo aparece velada" -J. Lacan- Seminario Aún- 1966-Pág. 92

Miller, J-A.: "Paradigmas del goce" en: La experiencia de lo real en la cura psicoanalítica. Los cursos psicoanalíticos de Jacques-Alain Miller Buenos Aires. Editorial Paidós. Bs. As. 2003.

Me mandé una!!

Del Otro maligno a un goce singular

La Sra. M. trabaja en una de las áreas centrales de la compañía.

Fue invitada por primera vez, en el marco del programa de entrevistas que propusimos a la empresa. Dicho programa invita a todo el personal a ser escuchado, de un modo individual, confidencial y sin reparar en las jerarquías de la organización.

Se habilitó un espacio *ex timo*, especialmente creado para ese fin. Una salita habilitada expresamente a ese fin.

Cada año se invita a todos los integrantes de las diferentes áreas, que lo deseen, a nuestro espacio de atención. Ya sea a quiénes lo solicitan de un modo personal, o a quienes precisan de nuestra orientación sobre alguna situación que consideran disruptiva en la dinámica habitual del trabajo.

La Sra. M. concurrió 9 veces en 6 años. Sólo la primera vez fue invitada por nosotros, las siguientes fueron por su deseo. Su discurso se presentaba bajo la forma de la queja no histerizada[37], todas referidas a algún superior que no le otorgaba *"algo"* que a ella le parecía justo: buen trato, más días de vacaciones, excepciones en los horarios acordados, etc.

Se explayaba largamente en un *decir para gozar, que oscilaba entre lo propio del discurso amo y la reivindicación histérica, no histerizada.* [38]

Consciente de que nuestro espacio no decidía sobre sus reclamos, había percibido que algo diferente se producía allí, luego de cada entrevista. Quizás cierta pacificación que poco a poco habilitaría las intervenciones de la analista.

---

[37] Histerizada: viene de Histerización: condición necesaria y favorable par obtener la flexibilidad del decir del paciente, que permite al analista intervenir en su discurso y operar un movimiento en su posición subjetiva. Ver en Seminario 17 de J.Lacan.

[38] decir para gozar: se trata de un hablar que está comandado por una satisfacción no elegida, del orden de lo pulsional.

Muy pendiente de la mirada del Otro, advierte su imperiosa necesidad de ser autorizada y legitimada por los otros a sus reclamos, cosa que, según ella, no ocurría. Sobrevuela su fantasía de renunciar para disponer de más tiempo para su familia.

¿Fantasía o aspectos de un fantasma que la conduce desde una modalidad de goce hasta ahora ignorado, con claras resonancias de su historia?

Es importante señalar que su trabajo era muy valorado y bien remunerado en su área y que tanto su marido, como sus amigos se lo señalaban.

Ese Otro frustrador, ahora encarnado en nuestro espacio, orientaba la posición táctica y estratégica de la analista: dejarla hablar y, no sin rodeos, introducir puntuaciones que la implicaran, una y otra vez.

El *deseo del analista* estaba atento a este bascular de la *Sra M.* entre usar el espacio para sus quejas y la sorpresa de encontrarse con otra cosa…

Ella volvía. ¿Cómo hacer operativo el discurso analítico en medio de esa invasión lenguajera[39]?

Surge un hecho que la angustió especialmente. Un compañero, durante una tele-conferencia hace un comentario que la deja expuesta ante todos. La increpa en su persona.

La angustia la dejó sin palabras. Todo su arsenal significante quedó paralizado. Tocó su cuerpo.

Angustiada pide una entrevista. Entendí que en ese pedido podría jugarse una apuesta fuerte, tal que imprimiera el *cuarto de vuelta a su discurso*[40] e iluminara su fantasma.

Pide que la ayudara a interpelar públicamente a quien le generó semejante daño. Accedí a modo de estrategia[41] El efecto

---

[39] Lenguajera: neologismo para dar cuenta de una invasión de palabras que intentan dar un sentido donde no lo hay.

[40] *cuarto de vuelta a su discurso* expresa la posibilidad, desde la histerización del discurso del paciente, (condición necesaria y favorable par obtener la flexibilidad del decir) que permite al analista intervenir en su discurso y operar un movimiento en su posición subjetiva. Ver en Seminario 17 de J.Lacan.

[41] Estrategia: maniobra en la transferencia que habilita a una intervención oportuna.

llegó poco después. La resonancia del significante con que fue señalada por su compañero adquirió para ella la consistencia de un S1[42], letra de goce que la remitió poco después, a su historia más íntima.

Decide empezar un análisis.

La Sra. M. nos solicita una nueva entrevista, esta vez sugerida por su terapeuta para que sea, en nuestro marco, donde reflexione sobre una decisión que la inquieta: seguir trabajando en la empresa o renunciar. Su entorno más próximo la desalentaba a ello.

Una intervención en la línea de la relación con sus emociones más básicas, forjadas en su historia familiar y lo que la aqueja actualmente, abre a la pregunta de ¿qué estaría en juego bajo la forma de insatisfacción ligada al marco laboral?

Se interroga ahora, si se está saboteando su trabajo…o su deseo mismo, ligado a un anhelo familiar?

En la entrevista siguiente, admite por primera vez su implicancia en lo que le pasa: Dice:

Me mandé una!!

Me cuenta que habló con su líder sobre un beneficio que había obtenido indirectamente y que podría regular su inquietud: trabajo vs. familia.

Al hacer pública esa concesión, queda sin efecto.

Sacarla del parloteo a pura pérdida e implicarla en ese goce que estaba en juego, le permitió identificar cómo se enredaba con un goce que se expresaba bajo la forma de "un saboteo que venía del otro" *Me hacen, no me dan, no me reconocen*

Comenta que nunca había registrado esto con su terapeuta. Le sugiero que lo intente.

La operatoria del psicoanalista, dio lugar a abrir otra escena y permitió alternativas en su análisis personal, en la misma línea. Desde aportar un síntoma, flexibilizar identificaciones y

---

[42] S1: letra de goce, significante también denominado Amo porque fija y comanda significados, asociados a emociones primarias de la historia, que son los que habrá que conmover.

forjar una enunciación que verificaría un cambio de posición en su propio decir:
Me mande una!!
Implicación y efectos de un goce no regulado.
Luego de un tiempo, la Sra M envía un mail a nuestro contacto. (El link de acceso directo para concertar un encuentro)
Nos dice que pudo elegir, decidió desvincularse de la empresa y que quiere agradecer la ayuda que le dimos para transitar su último período en la compañía, de una manera más tranquila, haciendo que su salida fuera menos sufrida y con menos enojo.
Deja la puerta abierta para retornar a la empresa *"cuando tenga la claridad para ver a las personas y situaciones desde otro punto"*.
Pudo hacer una elección, salir de esa lógica del todo, instalar un vacío para ahondar en la línea de su deseo.
Este caso fue tratado en el dispositivo SPP *(Soporte Permanente Personalizado) Se habilita a quienes precisan de un seguimiento y al que acceden por propia iniciativa o por sugerencia del equipo de* ESL?

Lic. Mirta Nakkache

Dra. Claudia Mascheroni

Equipo de ¿es estrés laboral?

El equipo de ¿es estrés laboral? se reúne cada semana para analizar en conjunto cada caso que abordamos desde este marco tan sui generis. Funcionamos al modo de un cartel, desde una transferencia de trabajo que nos permite ejercer una elaboración provocada, de la que surgen en cada caso, las intervenciones y/o estrategias a implementar. Ello nos habilita a desplegar lo que suele denominarse "una práctica entre varios" ya que no siempre es el mismo analista el que atiende un mismo caso. Para evitar incompatibilidades entre nuestra acción y las necesidades corporativas, no atendemos nosotros mismos los pedidos de análisis que surgen como consecuencia de nuestras intervenciones.

¿Un caso de mobbing?[43]

El Sr. *P* es empleado del área contable de una importante empresa. Trabaja en dicha empresa desde hace más de veinte años estableciendo con el espacio laboral una relación de familiaridad, sobre la empresa dice que "es parte de él", agrega luego "todas mis relaciones son de larga data" haciendo un paralelo con su matrimonio.

Se sintió alojado por su lugar de trabajo cuando él tuvo problemas de salud y cuando su hijo mayor desarrolló una enfermedad auto inmune.

A lo largo de su permanencia en la empresa rotó por áreas internas contables, esto fue por iniciativa propia, comenta que "tenía poca carga de trabajo".

En las distintas entrevistas manifiesta, de manera reiterada, su prioridad personal de participar de la crianza de sus hijos. Esto se ve reforzado porque su esposa, debe viajar con frecuencia al exterior quedando él al cuidado de los niños.

Por esa razón se las arregla para obtener beneficios, como llegar más tarde, delegar tareas, con la complacencia de sus compañeros del sector, quienes lo cubren, aunque algunas veces de mal grado.

Hasta aquí el contexto en que se desempeña Sr. *P* en la empresa.

Pero al Sr. *P* le preocupa el trato que recibe de *F*, jefe del área en la que trabaja. Menciona que *F* le sugirió que se postule a un puesto en otro sector en que la dinámica de trabajo no supondría mayores presiones horarias.

El Sr. P lee en esta sugerencia un riesgo de pérdida de su puesto, a pesar de que su coordinador le transmite satisfacción con su desempeño y, más aún, que se le ha tramitado un aumento de sueldo.

---

[43] mobbing: del inglés asediar, acosar, acorralar en grupo.

Recorta otros episodios en los que su jefe lo excluye, por ejemplo, al saludar a un grupo de personas. Comenta que en otras oportunidades le dirige frases tales como "*sos para la B*".

Esta frase, poco feliz, impacta en Sr. P de un modo devastador, se siente humillado y en su relato se ubica en una posición de objeto de exclusión y maltrato.

Sin embargo, durante las entrevistas no alcanza a implicarse ante la pregunta sobre cómo llegó a esa situación, qué parte de él podría tornarlo vulnerable al punto de convertirlo en partenaire de un jefe según su relato, "descalificador".

Indagando en lo que podría interpretarse como algo de su *goce*[44] puesto en juego en esa relación dual, el Sr. P revela aspectos de su historia personal que develan detalles significativos y que instalan un corte, un antes y un después de ese '"Otro perseguidor" personificado en su jefe.

Menor de cuatro hermanos, debió encargarse del cuidado de su madre luego de la muerte de su padre. No obstante ese compromiso, no elegido, era objeto de burla de sus hermanos mayores quiénes lo doblegaban y lo dejaban a cargo de esa responsabilidad.

Es en esa "revelación" que se ubica su sentimiento de desvalorización, sobre todo al quedar trunca su posibilidad de continuar una carrera universitaria, cuestión que se actualiza en su ingreso al mundo laboral.

La orientación de las entrevistas apunta al "terreno fértil" en que se produce esa alianza devastadora con su jefe de turno.

---

[44] Goce: en este contexto refiere al nombre que da J. Lacan a la satisfacción pulsional. Ver Nota 37 Goce: es el nombre lacaniano de la satisfacción pulsional. En el psicoanálisis, goce y placer son fundamentalmente opuestos. El placer tiene que ver con lo que hace desaparecer la tensión, de tal manera que el placer es lo que le pone un límite al goce. El goce, en cambio, "es siempre del orden de la tensión, del forzamiento, del gasto, incluso de la hazaña. Incontestablemente hay goce en el nivel donde comienza a aparecer el dolor, y sabemos que es sólo a ese nivel del dolor que puede experimentarse toda una dimensión del organismo que de otro modo aparece velada" -J. Lacan- Seminario Aún- 1966-Pág. 92.
Miller, J-A.: "Paradigmas del goce" en: La experiencia de lo real en la cura psicoanalítica. Los cursos psicoanalíticos de Jacques-Alain Miller Buenos Aires. Editorial Paidós. Bs. As. 2003.

El Sr. P se muestra aliviado y reflexiona sobre el tipo de vínculo que replica en su lugar de trabajo, no con todos, sino con aquél que pudo ubicarse, por sus características, como partenaire de un goce no registrado.

El efecto de esa intervención hace surgir el pedido de recomendación de un espacio de análisis.

El encuentro con un *real* [45]pareciera hacer impacto en lo que sucede luego, con su pedido de iniciar un análisis.

Tiempo después, se verifica en él un cambio notable, continúa en la empresa, se le concede la posibilidad de terminar sus estudios, sin desmedro de cumplir con sus tareas, sostener su atención hacia el vínculo con su hijo mayor y su preocupación por algunas particularidades del niño menor.

Con referencia a *F*, el jefe "maltratador" poco tiempo después se desvincula de la empresa.

Equipo de ESL?

Intervención especial del equipo de ¿Es estrés laboral?

---

[45] Real: Una de las categorías que junto a lo simbólico y a lo imaginario que conforman la estructura psíquica. Lacan da distintas definiciones de lo real a lo largo de su obra. Ver en: Lacan, J. La tercera. En E. d. Lacaniana, Revista Lacaniana de Psicoanálisis. Buenos Aires: EOL, 1974.

Salir del anonimato

Un acontecimiento imprevisto

Fallecimiento del *Sr. R*. su muerte sorpresiva, luego de una intervención quirúrgica que no implica, generalmente, ese riesgo, provocó un *acontecimiento imprevisto* dentro del equipo que lideraba.

La gerente del área nos pide que intervengamos oportunamente en el contexto emocional que pudiera generarse en su equipo, consecuencia de tan lamentable suceso, desde la perspectiva que creyéramos conveniente.

El Sr. R. era bien conocido por el equipo de ESL?[46] Y también el grupo en cuestión, ya que desde 2011 los entrevistábamos, cada año, como a cada uno de los integrantes de la empresa que lo deseara.

Un rasgo destacable del SR. *R*. había sido la importancia que daba a nuestra acción y su interés por conocer a fondo las preocupaciones y/o inquietudes "de su gente". Por ello muchos le tenían un afecto especial y otros interpretaban, en esas características suyas, una forma de aseguramiento de su propia posición.

Nuestra lectura más sutil, y en su caso particular, era que además, necesitaba tener bajo control cualquier imprevisto que alterara su manejo del gerenciamiento.

A partir del pedido de la gerente del área, inmediatamente, ofrecimos todo nuestro apoyo al sector y lo dejamos abierto a la necesidad de cada integrante.

Desaconsejamos una intervención *en grupo*, atentos a que ello genera o fuerza a algunos a quedar expuestos en sus modos singularísimos y respetables de tramitar el acontecimiento y, en este caso, el duelo en sí mismo.

Si bien el impacto era indiscutible, por el modo en que el *Sr. R*. participó a su equipo de los detalles de la operación, al punto de

---

[46] ESL? Agrupación ¿es estrés laboral? www.estlaboral.com.ar

saludar con un "hasta el lunes", sin dejo de dramatismo, pudimos comprobar y verificar una vez más la importancia de respetar y dar lugar a la diversidad de reacciones del grupo, uno por uno.

Un caso verificador

Un caso que a la vez de ilustrar, verificó nuestra propuesta de intervención Uno por Uno, y la eficacia del dispositivo que pusimos en marcha (el que denominamos SPP Soporte Personalizado Permanente) fue el de uno de los entrevistados. Fue pedido con urgencia por la propia gerente del área.

La persona en cuestión es un técnico de alta especialización que, como analista de sistemas, forma parte de una red internacional por la cual es convocado, puede y trabaja en cualquier parte del mundo en que requieran su especialidad. Descansa 3 meses y luego responde a nuevos pedidos.

Me preguntaba ¿qué había generado en él ese lazo tan intenso y emocional tan comprometido con el fallecido, ya que acostumbraba a viajar solo, por prolongadas temporadas, sin mayor compromiso que el objetivo técnico que se le encargaba. Por otra parte hacía muy poco que formaba parte de ese proyecto.

Su relato pleno de dramatismo y angustia tenía que ver con que ya no sabía si podría trabajar del mismo modo, que su líder era para él como la imagen que tenía de su abuelo.

Estaba tan identificado al *Sr. R*, su líder ocasional, que me decía que hasta se ponía colorado como él. Que sentía que se preocupaba por él y por todos. Venir al trabajo y no verlo, lo perturbaba enormemente. Tuvo episodios de arritmia por lo que tuvo que ser tratado con urgencia.

Su angustia se palpaba en sus dichos de los cuales recorté una frase que sería esclarecedora:

"en otros lugares del mundo en que trabajé, alguna vez pensé... si me caigo muerto aquí, nadie se entera".

Su frase resonó en él provocando un efecto revelador que actuó como separador entre su propia angustia de muerte y la persona en sí, de su líder muerto.

En efecto, el encuentro con *el Sr. R.* y su modalidad contenedora para con él, lo hizo salir del *anonimato* que había soportado todos esos años, sin saberlo. Su defensa ante ello vaciló, y pidió ayuda analítica.

Otros integrantes del sector manifestaron su pesar en sus contextos singulares, cada uno por separado. Alguno recurrió a sus recuerdos y otros se ofrecieron para contener a sus compañeros.

Otra situación peculiar

La persona que suplantaría al líder fallecido, ya estaba promocionado con anterioridad para ese puesto...pero la persona elegida y que era el señalado de antemano para el ascenso, era un familiar directo del SR. R. con un vínculo más que cercano a él.

Enredado ahora en sentimientos mixtos, debía ocupar ese lugar vacante, a la vez deseado por mucho tiempo y, además, debía hacerse cargo de la familia de *Sr. R.*

El trabajo con él se orientó en la línea de poder legitimarse en la posición a ocupar, despejar los sentimientos de culpa y la responsabilidad que lo convocaba por partida doble, en medio de un duelo por hacer.

El apoyo del gerente estuvo presente y también contribuyó, junto con nuestro aporte, a que no se detenga el trabajo, sin que por ello se minimizara el impacto del acontecimiento imprevisto.

Lic. Mirta Nakkache

Equipo de es estrés laboral?

Cuando hablar... *quiere decir*

A. es un joven profesional, recién arribado a Buenos Aires desde su ciudad natal en el interior del país. Proviene de una familia religiosa, muy conservadora. Tiene varios hermanos.

En la primera entrevista manifiesta que quería venir a Buenos Aires para poder desarrollarse profesionalmente. Ha sido elegido por el programa de jóvenes profesionales en la misma empresa en que trabajaba y, por su especialidad podría insertarse en la empresa, sin trasladarse.

Aparece en su *decir,* sin acentuar, las razones por las que deseaba ese traslado *"tener privacidad"*. En efecto, *dice* algo *"tener privacidad"* que hace eco en el analista, quien lo deja deslizar.

La escucha está atenta a los efectos que podría generar, en este joven profesional, su decisión de trasladarse de su provincia natal a la capital.

La analista interroga sobre la posibilidad de padecer desarraigo, ya que viene a vivir solo a un departamento en la gran ciudad. Su respuesta es nuevamente *"tener "privacidad"*.

Atenta a este deseo de *"tener privacidad"* que insiste, surge una intervención de la analista que lo implica sorpresivamente: *tener privacidad.*

La intervención produce una resonancia en **A** y precipita algo que no podía ser dicho en su medio familiar, pero que pudo decir en el contexto del dispositivo que lo recibió. Me plantea la pregunta sobre si debiera analizarse por ello.

A. puede hablar de su historia personal y esto le produce un alivio. Se trata de algo no dicho que encuentra un espacio habilitado para que se produzca *el decir.*

El traslado a Buenos Aires configuró para él una apuesta de vida más allá de sus inquietudes profesionales.

A se presenta a otras entrevistas programadas en el mismo espacio. En ellas testimonia de una evolución en el aprendizaje del nuevo trabajo y de la relación con sus líderes y compañeros, que se va afianzando.

También refiere nuevos intereses e inquietudes que afloran en la medida en que va conociendo mejor las posibilidades de una nueva posición que le fue asignada y de sus responsabilidades.

Cuando **A.** preocupado por su desarrollo profesional siente que algunas de sus inquietudes no son escuchadas en la empresa, que no tienen eco en sus líderes, se anima y vuelve al dispositivo, *a poder decir*.

En este caso, pide una entrevista con nuestro equipo para manifestar su insatisfacción con cierto tipo de tareas, la presión de las guardias que lo agobian y el interés por capacitarse, entre otras cosas.

Ello se interpreta como una demanda que nos reafirma en el curso apropiado de nuestra intervención,

Como corolario de esa nueva entrevista, pide, y le conceden, una reunión con un superior, responsable en su área de especialización, puede plantear su situación y lograr un resultado satisfactorio.

Se verifica así cómo vuelve a resonar en A. el impacto de la intervención primera que lo habilita en su palabra.

Cuando se ve interferido subjetivamente en hacer lugar a su deseo, ahora *puede decir*, y por lo tanto, en este caso, puede pedir.

El dispositivo de entrevistas cobra para A. el valor de un lugar de resonancia donde aquello que quiere ser dicho, puede ser oído y, en su propia lectura, pasar al *bien decir*.

Lic. Mirta Nakkache

Lic. Alvar Pivaral

Pedido de Intervención en lo que se denominó:

Ayuda Humanitaria ante el Conflicto
(29/06/2012)

Se realizó un Plan de Contingencia que comprendía:
a) Evaluación de los sucesos, entrevistas con los afectados, propuesta de trabajo conjunto con los jefes de distritos y los implicados directos e indirectos.

b) Relevamiento de personal vulnerable con o sin antecedentes de desestabilizaciones emocionales. Seguimiento y selección de líderes potenciales para la reinserción del personal post-conflicto.

c) Lo relevado en los puntos a y b del *Plan de Contingencia*, se implementaron en colaboración con el área de RRHH de la empresa.

Lic. Mirta Nakkache

Se paralizó el mayor yacimiento petrolero del país

Se trata de Cerro Dragón, en Chubut; un grupo de trabajadores mantiene ocupada la planta
REFERENCIA: Ana Tronfi | Para LA NACION Viernes 22 de junio de 2012

Toma del yacimiento Cerro Dragón por un grupo de trabajadores "contratistas" de la construcción, no pertenecientes a la estructura permanente de la empresa, por disidencias con la conducción de su sindicato en esta ciudad.

Dejó como saldo destrozos en el yacimiento ubicado unos 80 kilómetros al oeste de Comodoro, además de operarios heridos, varias camionetas incendiadas y un cuadro de desolación.

"Los daños fueron totales en las instalaciones que son nuevas y, según los jerárquicos que la operan, se trata de pérdidas millonarias". Además, rompieron mobiliario en distintas oficinas de los distritos e incendiaron vehículos de la empresa y de contratistas.

Se precisaba poder volver a las instalaciones, que las instituciones funcionen rápido para recuperar el yacimiento, poder entrar, evaluar los daños y comenzar a aplicar un plan de recuperación de la producción, "cada hora perdida se transforma en días para recuperar niveles de producción aceptables".

IX. Lo *innovador de la experiencia*

Lo innovador de la experiencia abarca varios aspectos que iré desarrollando.

Desde el punto de vista de la empresa, el haber posibilitado la incorporación de un equipo de psicoanalistas en un ámbito habituado, hasta nuestra llegada, a servirse de otros recursos, en las cuestiones que atañen a su personal. Recursos que procedían del *management* del área de RRHH.

En este punto, nuestra experiencia puede definirse como "inaugural"

En lo que respecta a nuestra acción como psicoanalistas, se trataba de encarar una experiencia esta vez, por fuera de nuestros consultorios, como un verdadero desafío. Desafío que nos estimulaba a ser creativos, a cada instante, en cada situación, sin que por ello renunciáramos a los principios que rigen nuestra práctica.

Este otro punto, también resultaba "inaugural", en relación a nuestra propia comunidad psicoanalítica, no habituada a incursionar en estos ámbitos.

Un trabajo de "reducción en el decir de cada uno"

Nuestro marco de acción incluyó e incluye una invitación a entrevistar a todos los integrantes de la empresa, uno por uno; por supuesto, si lo desean.

La invitación abarca desde quienes se sitúan en las llamadas "primeras líneas" hasta lo que se conoce como la 3ra línea dentro de las jerarquías establecidas por un organigrama.

Cada entrevista supone un trabajo de *"reducción"* desde el *decir* de cada uno. Nos focalizamos en su relación con el trabajo, con sus lazos necesarios, posibles o imposibles dentro del contexto laboral y en la incidencia, o no, de su condición emocional previa.

Este abordaje personalizado nos permitió aproximarnos a una lectura *estructural* [47] de la posición subjetiva de cada entrevistado y operar consecuentemente.

La importancia de generar un campo emocional propicio

Con esta oferta, se generó, poco a poco, un campo emocional favorable a nuestras intervenciones.

La propuesta adquirió el valor de "sentirse cuidados por la empresa", y también, de salir del anonimato que representaban las habituales Encuestas de Clima Laboral vigentes.

A un primer relevamiento de toda la población que lo deseara, le sucedió el análisis área por área de la empresa. Descubrimos rasgos diferenciales en cada una de ellas y también modos diversos de interactuar entre sí.

Un trabajo de equipo

La elaboración que llevamos a cabo en el interior de nuestro equipo, nos permitió analizar esos rasgos singulares detectados en cada área, inter-áreas y entre áreas, y ubicar sintomatologías a tener en cuenta.

---

[47] Estructural: con ello me refiero a las tres estructuras clínicas fundamentales que reconoce el psicoanálisis: neurosis, psicosis y perversión. Los posteriores desarrollos incorporaron estadios intermedios a tener en cuenta y a verificar en un proceso, tales como las psicosis ordinarias, las adicciones y otras consideraciones sobre los llamados "trastornos".

Orientamos nuestras acciones de un modo particularizado. En algunos casos con intervenciones directas, y en otros, oficiamos como "catalizadores"[48] cuyos efectos nos llegarían más adelante y de un modo indirecto.

La creatividad puesta a prueba

Es al día de hoy que la creatividad está puesta a prueba a cada paso y nos desafía a inventar estrategias, tácticas y nuevos dispositivos de atención.

Se trata de hablar *la lengua del Otro*[49]- tal que facilite nuestro objetivo. Un objetivo que intenta ubicar y destrabar las situaciones de malestar que afecten la subjetividad o que interfieran en la dinámica laboral.

Pero, por sobre todo, estar atentos a lo que pudiera obturar un deseo, que aspiramos permanezca siempre vigente.

Creación de nuevos y variados dispositivos

Así surgieron el *Soporte Personalizado Permanente* (SPP), los *Encuentros Periódicos de Integración* (EPI), el Buzón (BZ), un link directo para contactarnos, y una página en Internet www.estlaboral.com.ar que da cuenta de nuestra trayectoria y de nuestros objetivos.[50]

Cada uno de estos dispositivos se implementa, según lo amerite cada situación.

---

[48] Catalizadores: que permite desarrollar un proceso de transformación, ya sea directa o indirectamente. Viene de la química, agente que provoca una reacción.

[49] *la lengua del Otro*, tomado de las enseñanzas de J. lacan, ver J.A.Miller Curso del 12 de noviembre de 2008 Cosas de Finura en psicoanálisis.

[50] SPP: Soporte personalizado permanente, EPI Encuentros periódicos de integración. BZ: Buzón, link para pedir directamente una entrevista; desarrollados en los apartados denominados Tercer y Cuarto tiempo.

En algunos casos operamos a modo de una *inter-consulta clínica laboral*[51], articulando las diversas áreas de la organización, con intervenciones "a medida".

Ello se presenta cuando en una consulta personal surge un comentario de otra área, en la que se advierten situaciones de tensión.

Otras veces operamos como marco de contención emocional, o potenciando los recursos propios que inferimos en alguien en particular.

Privilegiamos que logren sortear por sí mismos, las trabas que les generan malestar.

Muchas veces sugerimos y orientamos hacia tratamientos psicológicos particulares, con profesionales de los servicios de salud privados, que les provee la empresa, advertidos de posibles incompatibilidades entre las necesidades de la empresa y nuestra personal percepción de la oportunidad.

Fue condición fundamental disponer de *un consultorio por fuera del ámbito de la empresa*, tal que ofreciera un marco confidencial y diferenciado del ámbito corporativo.

Justificación e interés de la propuesta

Lo imposible de cuantificar

> La justificación e interés de nuestra propuesta es una respuesta a los sucesos y/o situaciones complejas que nos sacuden a diario.
>
> Nos sorprendemos con noticias que involucran a sujetos cuyas acciones causan estragos, escapan a la mirada de los expertos y logran eludir los controles más

---

[51] Interconsulta Clínica Laboral: Dispositivo creado por la Lic. Mirta Nakkache aplicado al asesoramiento en Instituciones laborales.

> sofisticados puestos en juego en las sociedades más avanzadas.
>
> Si nos cernimos al llamado "mundo del trabajo" cada organización, aún la más simple, supone una población humana que, en mayor o menor medida, está en constante y cotidiana interacción.
>
> ¿Acaso están libres de vivir emociones intensas? y ¿cuál sería la medida, si la hubiera, que diera cuenta de un clima laboral saludable o, por el contrario, de una patología en ciernes?

Una zona gris

Analizando en profundidad las situaciones que se nos presentaron en el ejercicio de esta experiencia, y en el seno de otras organizaciones, pudimos inferir y verificar, posteriormente, que existe una *zona gris* que escapa a las herramientas habituales con que cuenta el *management* contemporáneo.

Es en esa *zona gris* de donde provienen, a menudo, las desestabilizaciones emocionales. Al hacerse evidentes, confunden, sofocan y provocan el grito de alarma que busca una urgente solución.

Consideramos que esa *zona gris* proviene de una *desconexión* entre la información que pudieron obtener los organismos encargados de velar por la salud de la población de toda sociedad, aún en las más civilizadas, y los agentes abocados a la selección y evaluación de los recursos humanos a incorporar en toda organización.[52]

---

[52] Caso del piloto de Luftansa, Andreas Gunter Lubitz. accidente deliberado de un Airbus A 320 en los Alpes Franceses el 24 de marzo de 2015. El piloto estrelló el avión para suicidarse, con 149 personas a bordo. Tenía problemas mentales que no fueron registrados a pesar de un extenso recorrido por despachos médicos y psiquiátricos ajenos a la Compañía, y desconectados con ella, en los que constaban sus desórdenes mentales.

Nuestra lectura, o interpretación es que, cada vez, se desdibujan más las estructuras clínicas que subyacen a los síntomas o a las alteraciones más visibles.

Puede haber diferentes interpretaciones, seguramente!! Pero lo que las unifica y confunde, es que suelen englobar a esas disrupciones, bajo el término de *trastorno*.

El término *trastorno* barrió con un nivel más profundo, el de las estructuras clínicas que orientan el devenir de cada sujeto. Allí anidan las neurosis, las psicosis, las perversiones y las adicciones, en sus más diversas expresiones.

Nuestra propuesta intenta alertar, preservar o regular ese campo emocional cotidiano, que forma parte de lo imposible de cuantificar.

X. De nuestros antecedentes

Alguna pinceladas de mi recorrido profesional

En lo personal, impulsada por una experiencia clínica adquirida a lo largo de más de cuarenta años, que se fue desplegando en los más diversos ámbitos, tanto en lo público como en lo privado, no pude sustraerme a una asignatura pendiente que me convocaba, una y otra vez, desde la intimidad que ofrece el consultorio.

Esa convocatoria silenciosa se transformó en un anhelo, el de aportar y aplicar lo aprehendido, al denominado *mundo del trabajo*.

Casi sin proponérmelo, advertí, en el après coup[53] que lo que me guiaba era el modelo de atención inspirado en la *Interconsulta clínica hospitalaria*. [54]

Fui gestando un abordaje semejante, tal como lo experimenté entre los años 1977 y 1986 en el Policlínico Ex Gregorio Alfaro-hoy Evita y posteriormente en la Sexta Cátedra de Medicina Interna del Hospital Escuela Gral. San Martín, -Hospital de Clínicas.

El equipo al que pertenecí era conocido en el Policlínico como "los *bomberos de la angustia*". Suponía un protocolo celoso de cada una de las "pasos" que configuraban el escenario donde éramos llamados a actuar, llámense médico, paciente, enfermeros, familia o institución.

El objetivo era *facilitar el acto médico*, neutralizando las variables que pudieran interferirlo. Se elaboraba luego un diagnóstico de cada situación particular y, en las reflexiones

---

[53] Après coup: expresión en francés que se aplica a un darse cuenta luego de sucedida la situación.

[54] Interconsulta Clínica Hospitalaria: modelo de trabajo aplicado desde el Servicio de Psicopatología en un Policlínico General, para favorecer el acto médico, neutralizando las "variables" que pudieran interferirlo.

con el equipo, decidíamos el foco y la pertinencia de nuestra acción.

Se sumó a ello, simultáneamente, una interesante experiencia en un ámbito laboral, siempre como *agente externo* a la institución. Mi aporte fue ofrecer una visión y orientación especializada, cuando aún no existían los departamentos de RRHH.

En esos tiempos, los escollos o impasses percibidos en la dinámica del trabajo los dirimíamos en discretas conversaciones con el *Jefe de Personal*.

Más adelante, con la incorporación de un Departamento de RRHH, con otros actores, configuré un Programa de acción que denominé: *Interconsulta Clínica aplicada al campo laboral*.[55]

Dicho programa involucró, en las decisiones, a los referentes de las diversas áreas que se crearon dentro de la Institución. Mi rol siempre se mantuvo *externo a la estructura de la empresa*.

En la actualidad

Ya ubicada en esta empresa de hidrocarburos en particular, esta vez a través de la Agrupación que creé bajo el nombre de ¿Es estrés laboral? con un equipo propio, año 2011, el objetivo se mantuvo. Se trataba de *facilitar la dinámica de trabajo* de cada día, neutralizando las variables que pudiesen afectarlo, provinieran desde donde proviniesen.

Los principios que subyacen a la innovación que introduje, se forjaron en una franca definición de mi orientación ya basada en las enseñanzas del *Dr. J. Lacan* y los invalorables Cursos dictados por *J.A. Miller*, entre muchos otros.

---

[55] Interconsulta Clínica aplicada al Campo Laboral, de mi autoría en los Ex Banco Financiero, Ex Banco Crédito (actual BVVA)

Las enseñanzas recogidas a lo largo de mi formación como psicóloga clínica y posteriormente como psicoanalista. enriquecieron y esclarecieron mi práctica clínica, tanto en lo que se denomina Psicoanálisis Puro como el Psicoanálisis aplicado a la terapéutica, este último avalado por la FAPOL[56]

Múltiples trabajos presentados en Congresos y publicaciones en revistas[57] afines, fueron afianzando mi posición y la ética que rige mi práctica, cualquiera sea el ámbito en que la ejerza.

El principio fundamental es resguardar la singularidad y el deseo de cada persona, su posición subjetiva respecto al trabajo, sus vínculos posibles en el lazo con los otros y facilitar, en ese trabajo con cada uno, la dinámica del trabajo de cada día.

Un equipo inter-disciplinario

Un equipo inter-disciplinario de colaboradores completa la estructura del modelo. Con ellos se generó una *transferencia de trabajo*[58] que aseguró desde un comienzo una *elaboración provocada*[59] para dirimir el o los diagnósticos en cada situación, siempre diferentes y las acciones a considerar.

El equipo de colaboradores se fue configurando entre los que siguieron mis Seminarios a lo largo de dieciséis años en

---

[56] FAPOL: Federación Americana de Psicoanálisis Aplicado a la terapéutica

[57] Congresos de la Asociación Mundial de Psicoanálisis (AMP) y Revistas: Uno X Uno, El Caldero de la Escuela, Colección Orientación Lacaniana, Lacaniana, Enlaces, Psicoanálisis y Hospital, entre otras publicaciones.

[58] Transferencia de trabajo: Término usado por J. Lacan en el Acto de fundación de la Escuela Freudiana de París el 21 de junio de 1964, para referirse a la transmisión del psicoanálisis. entendido como pase de trabajo con carácter activo, por el cual se participa del trabajo con quien lo introduce, lo autoriza y que con su presencia lo sostiene y lo garantiza. Es lo que se traduce en: *Hacer lazo de uno con uno, con otro y no necesariamente de uno con todos*. J.-A. Miller, El banquete de los analistas, Paidós, Buenos Aires, año 2000.

[59] La expresión "elaboración provocada" forjada por Pierre Théves a partir de un texto de J. Lacan, psicoanalista francés, indica lo que corresponde al "Más uno", una modalidad particular de liderazgo que colabora en sostener el trabajo.

la Escuela de la Orientación Lacaniana. En ellos trasmití mi experiencia clínica, basada principalmente en las lecturas de S. Freud, en los Seminarios de J. Lacan y con el gran apoyo de los Cursos de J.A.Miller junto con otros autores y artículos pertinentes, sin desconocer la influencia de diferentes líneas de pensamiento de actualidad, como los provenientes de las neurociencias y de la psicología cognitiva-conductual, entre otros.

El cartel como modelo de agrupamiento

El equipo integrado por la Dra. Claudia Mascheroni, el Lic. Alvar Pivaral, la Lic. Liliana Graiño y el Ing. Elías Zubcov y yo, Lic. Mirta Nakkache, como *Más Uno* se constituyó bajo el modelo del *Cartel*.

¿Cómo implementamos nosotros esa modalidad de grupo que se conoce como *Cartel*? ¿Qué uso hicimos nosotros de él?

El *Cartel* es un dispositivo que tiene por función impedir el efecto inercial que promueve todo grupo. Mediante la figura del llamado *Más-uno*, provoca al trabajo, busca incomodar a los integrantes para que no se instalen en el confort que produce el fenómeno de masa, como sucede cuando se agrupa en torno a un líder. Se podría decir que al anular las jerarquías, se sostienen las diferencias.

Fue concebido por J. Lacan como una herramienta potente contra la burocracia institucional. Es salir del "*entre nosotros que pensamos igual*".

Mantener la lógica del *cartel* en su fundamento, más que en su forma original, nos permitió analizar cada semana, la experiencia recogida por cada uno de nosotros, en cada entrevista y en cada situación.

Elaborar diferentes diagnósticos en base a las variadas perspectivas que se planteaban e incluir un registro interno riguroso y confidencial, que nos habilitó a lo que dimos en llamar *"una práctica entre varios"*[60].

Otra función no menos valorada es que el cartel nos mantuvo a resguardo de nuestros propios prejuicios y/o dimensión imaginaria.

---

[60] Una práctica entre varios (Une pratique à plusieurs) es el nombre dado por Jacques-Alain Miller y retomado entre otros por Antonio Di Ciaccia, a una modalidad inédita de trabajo clínico que se gestó a partir del trabajo con niños autistas y psicóticos y que fue desarrollado por parte de diversas personas en un contexto institucional preciso.
Muchas experiencias, en instituciones distribuidas en varios países – Bélgica, Francia, Italia, España, Israel. Brasil, Argentina – prueban la plasticidad del método, que de hecho ha sido reinventado en instituciones de varios tipos: escuelas regulares, guarderías, centros de escucha y de asistencia social, clínicas de asistencia psicológicas; **y en nuestro caso en el campo laboral.**
Esta modalidad de trabajo hace referencia al psicoanálisis de Sigmund Freud según la enseñanza de Jacques Lacan. Sin embargo, ella no prevé la utilización del dispositivo analítico clásico, ya sea diván, frecuencia secuencial o con un analista en particular...
Es un dispositivo institucional sui generis. Lo que tiene en común con los dispositivos clásicos es que responde a las necesidades del sujeto que padece y puede despegarse de la necesidad institucional. Lo interesante es que además, se trata de un modelo que se puede reinventar en diversas y diferentes instituciones, y permite apreciar los principios de eficacia terapéutica del psicoanálisis.

XI. Quiénes influyeron y posibilitaron esta experiencia

Sería injusta si no nombrara la influencia que tuvieron para mí, en la formación de ese equipo interdisciplinario, las conversaciones que mantuve con la visionaria y "guerrera decidida" Mme Judith Miller[61], que lamentablemente ya no está entre nosotros, y el apoyo invalorable de J.A. Miller quien confió en este desafío que me propuse.

Del mismo modo la Asociación *Souffrances au Travail-SaT-* fue precursora de esta posibilidad y una colaboradora permanente y valiosísima, sobretodo a través de *René Fiori* y de *Mme. Anne Ganivet-Poumellec*, quienes apoyaron mi iniciativa en la Argentina, con una confianza y generosidad de la que les estaré eternamente agradecida.

Ahora bien, la persona que fue la pieza fundamental para introducirme en la empresa, fue la *Dra. Leila Cura*, quien no sólo apostó a nuestro desempeño, sino que a través de ella conocí a un ser muy especial, otro visionario, alguien a quién pienso, nada le hizo límite, sólo su inesperada muerte. Sin su aprobación no hubiera sido posible esta experiencia.

¿Cómo introducir nuestra propuesta?

> Se trataba de ofrecerles una propuesta relativa al cuidado de todo el personal de la empresa, en el marco de mi especialidad: psicoanalista clínica, con una doble inserción, en el Campo de la Salud Mental y el de las Organizaciones en general.

---

[61] Mme. Judith Miller, (1941-2017) fundadora de Campo Freudiano, hija del Dr. J. Lacan, casada con J.A. Miller. Filósofa y principal difusora e inspiradora de las enseñanzas de su padre.

> La *demanda* se centraba en la intensidad del *estrés* que se registraba, sobre todo en las posiciones de mayor responsabilidad de la compañía.
>
> La *oferta* fue clara y contundente: entrevistar a cada uno de los integrantes de la empresa, sin distinción de las jerarquías, Uno x Uno. Preservar la confidencialidad de los mismos y fundamentalmente, mantenerme en una posición por fuera de la estructura organizacional.[62]

Una propuesta a medida

La propuesta combina una metodología de trabajo que se podría calificar de artesanal, con un sistema de registros confidenciales que nos permitieron, a todo el equipo, estar al tanto cada semana, de lo recogido en las entrevistas, y de las acciones e intervenciones oportunas. Una misma persona podía ser entrevistada por cualquiera de los que formamos parte del equipo.

Ello dio lugar a lo que definimos, clínicamente, como *una práctica entre varios*.

El intervenir, a partir de la experiencia que poseíamos, fruto de nuestra doble inserción, en el Campo de la Salud y el de las Organizaciones más complejas, nos permitía detectar e interpretar el pulso de la dinámica de trabajo que rige y se

---

[62] Ex-tima: del vocablo "extimidad" es una invención del Dr. J. Lacan, un neologismo. Lo éx-timo es lo más interior, sin dejar de ser exterior. Se trata de una formulación paradójica. El término "extimidad" se construye sobre "intimidad". En nuestra práctica en las instituciones, se trata de la posición que sostiene y mantiene el equipo de analistas. Es una posición que apunta a lo más íntimo, pero que a la vez es exterior a la institución, no forma parte de la estructura de la organización.
Miller.J.A. -Extimidad- Los Cursos psicoanalíticos de JAM- -Ed. Paidós-Edición 2010.
Lacan, J (1958) *La ética del psicoanálisis*, El Seminario, libro 7, Ba., Paidós, 1988, p. 171
Miller, J.-A. (1985) "El objeto en el Otro" en Extimidad, Buenos Aires, Paidós, p. 14.

diversifica al ritmo de las contingencias socio- económicas y políticas de nuestro país y por supuesto de la empresa.

Se trataba de agregar, a los esfuerzos que cada organización persigue en pos de la armonía necesaria, *nuevas combinaciones* entre puntos de atención, que son considerados fundamentales y de ese modo alcanzar resultados más precisos y efectivos.

Era prioritario, desde nuestra perspectiva generar un campo favorable para que la operatoria resultara eficaz: confianza, confidencialidad y sobre todo obtener el consentimiento de los agentes pertinentes.

Nuestro escollo principal fue la resistencia frente a lo nuevo.

Conscientes de ello, nuestra acción se dirigió a unir los puntos débiles detectados por la organización, en los que había coincidencia y, aplicamos allí una combinatoria innovadora y creativa, en que los "hallazgos" registrados, surgieron por fuera de los procesos usuales, como los Test-Encuestas de Clima, los llamados 360 y demás herramientas propias de los RRHH.

No todo fue, es ni sería un lecho de rosas

Sabíamos que no nadaríamos en un río tranquilo. Pero ¿acaso un psicoanalista avezado no se topa cada día con puntos de *real* [63] de sus pacientes, esos que se ponen en cruz con la dirección que se le desea imprimir a una cura?

El foco apuntó a los vínculos, a los dichos y a las modalidades de enunciación de cada entrevistado. Una experimentada lectura de las singularidades, en cada situación, nos permitía operar en consecuencia.

---

[63] Real: Una de las categorías que junto a lo simbólico y a lo imaginario integran la estructura psíquica. Lacan da distintas definiciones de lo real a lo largo de su obra. Ver en: Lacan, J. *La tercera*. En E. d. *Lacaniana, Revista Lacaniana de Psicoanálisis*. Buenos Aires: EOL, 1974.
Lacan, J. El seminario, Libro 20, Aun, Capítulo VIII: El saber y la Verdad Ed. Paidós, Buenos Aires, 1992.

Y la clave fue esperar los momentos oportunos y acordes con una planificación conjunta, respetuosa de la línea de tiempos consensuada con los referentes directos, dentro del marco de la organización.

Tercera parte

- XII. Presentación formal de nuestra propuesta a la sociedad de la Agrupación ¿Es estrés laboral? O cuando el malestar de un sujeto está ligado al trabajo.
- XIII. Otras experiencias
- XIV. Reflexiones en torno al estrés y su relación con: ¿Es estrés laboral?

XII. Presentación formal de nuestra propuesta a la sociedad

> El 7 de octubre de 2010 presentamos a la sociedad y a los medios nacionales e internacionales nuestra agrupación bajo el nombre de **¿Es estrés laboral?**
>
> Mediante una página web propia en Internet *www.estlaboral.com.ar* quedaron registradas las exposiciones.
>
> Ella es testimonio de la numerosa concurrencia y del interés que despertó, también en los medios gráficos, televisivos y de radio difusión, nuestra presentación en sociedad.
>
> A continuación podrán compartir algunos fragmentos de nuestra presentación.

¿Es estrés laboral? O cuando el malestar de un sujeto está ligado al trabajo

Nuestro punto de partida

¿Es estrés laboral? es una agrupación de profesionales de diferentes disciplinas cuyo objetivo es hacer frente a una necesidad instalada en nuestro país desde hace tiempo y que se traduce en un malestar asociado a los diversos ámbitos del trabajo.

Advertimos un padecimiento que va en aumento, con consecuencias muchas veces trágicas y al que los profesionales de la salud no podemos ser indiferentes.

Nuestro punto de partida, como agrupación, tuvo como disparador el Coloquio del 27 de septiembre de 2008, en

París, de la Asociación: "Souffrances Au Travail" (SaT), denominado "Désinsertion et solitudes au travail"[64].

Se creó inspirado en la trayectoria y la experiencia recogida por nuestros colegas en París, desde el año 2000[65].

Coincidimos con ellos en la orientación, en la formación, en el objetivo y en el haber estado en contacto directo con las problemáticas del mundo del trabajo, ya sea en el ámbito empresarial, el educacional, el jurídico, el de la cultura y el arte en general.

---

[64] Coloquio «Désinsertion et solitudes au travail« Bourse du Travail, 27 de septiembre de 2008, 3 rue du Château d`Eau (Desinserción y soledad en el trabajo)
« Rencontres avec des Psychoanalystes « Publicación Septiembre de 2012, Association Souffrances Au Travail www.souffrancesautravail.org (Encuentro con Psicoanalistas)

[65] Coloquio «Je travail, moi non plus« 26 Septembre 2015, Maison des cultures du Monde-101 bd. Raspail 75006. Paris. (Yo trabajo, Yo tampoco)

Dinámica de la agrupación

Desde el comienzo adoptamos la dinámica del cartel[66] enlazado tanto a SaT como al Campo Freudiano, del que surgieron dos trabajos que fueron presentados en el contexto del Encuentro Americano (ENAPaOL) en agosto de 2009 en Buenos Aires[67].

¿Es estrés laboral? también tuvo su presencia en PIPOL[68] el Encuentro realizado en Barcelona el 11 y 12 de julio de 2009 llamado "Clínica y pragmática de la des-inserción en psicoanálisis" con un texto publicado en la sección Debates, en la página Web[69] del mismo.

Nuestra investigación apuntó a relevar la idiosincrasia propia de nuestro país, ello delineó la singularidad de nuestra agrupación y orientó los cambios y los pasos a seguir, desde una lógica propia del "momento de ver y comprender".

Advertimos en primer lugar, la cuestionable legitimidad de las normas que rigen los diversos ámbitos de trabajo y la ausencia o ineficiencia de los agentes vinculados a la detección del malestar.

Los principales adversarios en nuestro desafío para introducirnos en la sociedad argentina, lo constituyen la anomia, la incertidumbre y la ambigüedad extrema en la regulación del trabajo, cuyo instrumento es la evaluación en todas sus formas.

---

[66] El *Cartel* es un dispositivo que tiene por función impedir el efecto inercial que promueve todo grupo. Mediante la figura del llamado *Más-uno*, provoca al trabajo, busca incomodar a los integrantes para que no se instalen en el confort que produce el fenómeno de masa, como sucede cuando se agrupa en torno a un líder. Se podría decir que al anular las jerarquías, se sostienen las diferencias.
Fue concebido por J. Lacan como una herramienta potente contra la burocracia institucional. Es salir del *"entre nosotros que pensamos igual"*.

[67] ENAPaOL, agosto de 2009 IV Encuentro Americano de Psicoanálisis aplicado y XVI Encuentro Internacional del Campo Freudiano, *La clínica analítica Hoy: el síntoma y el lazo social*

[68] PIPOL: denominación del Encuentro Europeo del Campo Freudiano

[69] Texto presentado en Pipol, ¿Psiquiatras víctimas del estrés laboral? por Lic. Mirta Nakkache año 2009

A diferencia de Francia, verificamos que la Argentina carece de inspectores oficiales de trabajo o médicos de trabajo que oficien de agentes idóneos e "independientes" tales que pudieran ubicar y derivar a aquellos que sufren.

Es así que el malestar no encuentra otra alternativa que estar sometidos a una evaluación generalizada. Evaluación que concluye y nombra sin distinguir "*estrés laboral*" a todo padecimiento, dejando escapar la singularidad del sujeto.

No se cuenta con estadísticas fidedignas sobre suicidios, accidentes cardio-vasculares, acoso, violencia, desocupación, maltrato u otras alteraciones afines.[70]

¿Cómo hacer conocer nuestro mensaje?

Un paso fundamental y necesario lo constituyó la confección de nuestra propia página web: www.estlaboral.com.ar que opera como instrumento de difusión de nuestra investigación, de nuestra trayectoria y de nuestra oferta clínica en el seno de la ciudad. Ofrece también links que destacan nuestra orientación.

Otros medios de difusión

Prensa

El jueves 7 de octubre se presenta la "Agrupación ¿es estrés laboral?" para ofrecer una alternativa diferente a la concepción actual del malestar enel trabajo

Los países de la **Unión Europea pierden cada año 20.000 millones de euros como consecuencia del estrés laboral,** el "segundo

---

[70] Ver en Pág. web www.estlaboral.com.ar referencia sobre violencia laboral presentado en la Secretaría del Ministerio de Trabajo y link sobre informe estadístico efectuado por la oficina de Violencia Laboral.

problema de salud más frecuente" en la zona. **La OMS** sostiene en sus últimas investigaciones que **el trabajo es la principal fuente de estrés de las personas**, mientras que *La Organización Internacional del Trabajo (OIT)* considera el estrés laboral como "enfermedad peligrosa para las economías industrializadas y en vías de desarrollo". Una encuesta realizada por TNS Gallup en Argentina demuestra que **4 de cada 10 personas sienten que les falta la energía, 3 de cada 10 están estresados y 2 de cada 10 dicen estar deprimidos**.

Para enfrentar este problema, que afecta a todos los niveles sociales, se acaba de crear en la Argentina la **Agrupación ¿es estrés laboral?**, que hará su presentación pública el jueves 7 de octubre, a las 19. Fue creada por un grupo de profesionales con el fin de ofrecer **un abordaje especializado** a personas o entidades que vean obstaculizada la dinámica de su trabajo y de su vida social y familiar por un padecimiento asociado al trabajo.

La **Agrupación ¿es estrés laboral?** se fundó basada en la trayectoria y la experiencia recogida en París por la Asociación: "Souffrances au travail" (SAT) ("Sufrimientos en el Trabajo") creada en 2000 y que adquirió notoriedad en 2009 como consecuencia de los suicidios en cadena -24 en un año y medio- en la empresa France Telecom, dramática expresión del gerenciamiento actual en las organizaciones de trabajo.

La Agrupación está integrada por:

Mirta Nakkache (fundadora y directora). Psicoanalista, miembro de la Asociación Mundial de Psicoanálisis (AMP) y de la Escuela de la Orientación Lacaniana (EOL); miembro de la Red Asistencial de la EOL, asesora en Recursos Humanos y creadora de la Interconsulta Clínica Laboral Ex. Banco Crédito (1979-1996). Corresponsal de la Asociación "Souffrances au Travail" (SAT) París.

Alvar Pivaral. Psicólogo y psicoanalista. Graduado en Ciencias de la Computación en la FCEyN (UBA) Master en Administración de Empresas (U.B.). Se desempeña en empresas líderes en servicios de tecnología informática.

Dra. Claudia M. Mascheroni. Médica, ex residente del Hospital Eva Perón (ex Castex) Especialista en Psiquiatría, Psicoanalista.

Elías Zubcov. Fue gerente técnico del diario La Razón (1963-1978), gerente de ventas Linotype UK (1979-1983) y director de ventas de Norsk Data Comtec UK, de Noruega (1984-1993). Se desempeña como consultor de empresas.

La presentación tendrá lugar el jueves 7 de octubre, de 19 a 21, en Ayacucho 1246, 1º piso, de la ciudad de Buenos Aires. Informes y reservas: 4815-5502 / 15 5158 5247. estlaboral@gmail.com / www.estlaboral.com.ar

Nota en diario Perfil

Una organización busca detectar el estrés laboral agudo en las empresas

Luego de la "epidemia" de suicidios en France Telecom (24 en 18 meses), cada vez más las grandes empresas ven con buenos ojos la posibilidad de detectar y reducir problemas laborales agudos que pueden llevar a tan drásticas decisiones a sus empleados. Allí mismo, en París, se formó en 2000 una asociación conocida como "Souffrances au travail" (Sufrimientos en el trabajo), que intervino en Telecom. Un grupo de argentinos acaba de abrir aquí una organización similar. Se trata de "¿Es estrés laboral?" y la directora, Mirta Nakkache, dijo a este diario que "existe un malestar que aumenta en cada época, más allá de los recursos de que se disponga".

"Tratamos de detectar el problema en particular y no masificar las causas. No es que estamos todos estresados y listo. Hacemos entrevistas individuales y quince días después tenemos un primer diagnóstico en relación con el ámbito laboral particular", explicó Nakkache, cuyo grupo ya interviene localmente en algunas empresas. El equipo -que se presentará oficialmente el jueves- consta de analistas y asesores de empresa en temas culturales y deportivos, además de legales y neurológicos. "Hay veces en que conviene ir por fuera de los lugares comunes a los que va la gente de recursos humanos que está dentro de la misma empresa", señaló.

La psicoanalista lacaniana expresó que hay una serie de películas que marcan cómo se maneja una época particularmente desalmada con los trabajadores asalariados. Son las francesas *Recursos humanos* y *El empleo del tiempo*, y la norteamericana *Amor sin escalas*, en la que George Clooney hace de despedidor serial. ¿Hubo alguna vez una ola de suicidios similar a la de France Telecom en la Argentina? "No hay datos precisos, sí muchas causas de muerte que tienen que ver con el estrés laboral, pero que terminan siendo indirectas, como paros cardíacos", dijo.

PANORAMA
- Los países de la Unión Europea pierden cada año 20 mil millones de Euros por el estrés laboral.
- Según la OMS, el trabajo es la principal fuente de estrés de las personas.
- En un año y medio, la telefónica France Telecom registró 24 suicidios entre su personal, lo que alertó a otras empresas y al mismo Estado galo, luego de una dura reorganización de su forma de funcionamiento.
- En la Argentina no hay estadísticas, pero el equipo de Nakkache ya está trabajando en empresas.

Nota enviada por la Asociación *Souffrances Au Travail* por la presentación de *¿Es estrés laboral?*

Asociación *Souffrances Au Travail*

En el mes de julio del año 2000, un grupo de psicoanalistas, a su vez vinculados al universo laboral en empresas privadas o públicas, fundó en Francia, París, la asociación *Souffrances Au Travail* (Sufrimientos en el Trabajo). El psicoanálisis lacaniano orientado por la enseñanza de Alain Miller, nos había permitido apostar en aquel momento por una nueva clínica del sujeto, al comprobar que este último se vinculaba a nuevas organizaciones laborales, bajo una ideología gerencial, las cuales ponían en marcha su anulación como sujeto de deseo.

Nuestra orientación se diferencia de la que rige en los organismos existentes hoy en día en Francia y que se basan en presupuestos victimológicos, que eluden preguntas esenciales como las de la angustia, la vergüenza, la culpa como patologías de la responsabilidad, afectos que son otras tantas emanaciones de la historia íntima del sujeto, historia de la cual el inconsciente es la columna vertebral. Esta apuesta se mostró concluyente y luego exitosa. Posibilitó una clínica específica en la que el sujeto, al salir, se encuentra en armonía con su deseo. Los inspectores y médicos laborales, los médicos clínicos, el boca a boca, y finalmente nuestro sitio Internet, creado un poco después, orientan a las personas que padecen dificultades en su entorno profesional hacia la asociación *Souffrances Au Travail*.

¿Es Estrés Laboral? desde su proyección, y luego tras su creación, se situó inmediatamente en la misma línea de esta clínica del sujeto como actor de su deseo, promoviendo un dispositivo que tomaba en cuenta las particularidades de la Argentina. Nuestro intercambio permanente y cálido con Mirta Nakkache y los colegas de ¿Es Estrés laboral? nos permitieron descubrir que el psicoanálisis lacaniano, en su intersección con este nuevo tipo de impasse subjetivo, podía revestir diferentes propuestas. Tenemos también otras muestras de ello, como por ejemplo en Brasil.

En el mes de noviembre de 2010, *¿Es Estrés Laboral?* será presentado en ocasión del 3er coloquio de Sufrimientos en el Trabajo que se desarrollará en París. No nos cabe duda entonces que los intercambios de trabajo entre *¿Es Estrés Laboral?* y *Souffrances Au Travail* podrán seguir intensificándose.

El por qué del nombre ¿Es estrés laboral?

¿Es estrés laboral? pone en cuestión la denominación *estrés laboral* con que se intenta englobar, en nuestro país, muchos de los sufrimientos que no se originan ni se agotan, en un marco laboral.

También alerta sobre las consecuencias de los recursos *excluyentes* que se ofrecen para paliarla, en especial los medicamentos.

La denominación *Souffrances Au Travail*[71], de nuestros colegas en Francia, no es azaroso, ya que lleva en sí un plural que destaca la variedad y variabilidad, de los modos de presentación del sufrimiento, y los modos personalizados de *saber hacer* con él.

> Por nuestra parte sostenemos que no es un solo factor, o un ámbito en particular lo que provoca lo que llamamos una *destitución subjetiva*, es decir sentirse" objetos" anónimos de un sistema mecanizado y segregativo.
>
> Muchas veces ese sentimiento tiene eco en una relación más profunda del sujeto consigo mismo, que no es elegida a conciencia, pero que gobierna sus actos y sus ánimos, independiente de cualquier otro factor externo.

Por lo tanto el desafío es ayudar al sujeto a desprenderse de lo que constituye para él una doble captura, la de las marcas de su historia y la conjunción o no, con su situación actual.

En *¿Es estrés laboral?* entendemos que lo que se juega en cada entrevista es la *re-inserción* del sujeto en un discurso que le sea propio y que le permita encontrar un camino personalizado, hacia alternativas "a medida".

---

[71] Souffrances Au Travail (SaT) nuestro referente en Francia www.souffrancesautravail.org

Dos años más tarde

Nos hemos constituido a modo de un equipo interdisciplinario de investigación clínica e intercambio científico en el ámbito nacional e internacional, con un área específica: el *mundo del trabajo*, que cuestiona el llamado *síndrome de estrés laboral*.

¿Es estrés laboral? reúne actualmente a analistas y psiquiatras de extensa trayectoria en la orientación lacaniana, así como a profesionales de la cultura y el arte.

> Nuestra principal inquietud es llegar a la mayor cantidad de gente que ha sido, o podría ser diagnosticada bajo el rótulo de *estrés laboral*, por sostener que dicha denominación otorga una falsa identidad que cristaliza los recursos del sujeto, no lo libera de sus padecimientos y favorece la segregación.

Perspectiva clínica

Desde nuestro abordaje clínico, las entrevistas se rigen por un principio fundamental que es la autonomía, por sobre cualquier otra instancia que no sea nuestra propia agrupación y la absoluta confidencialidad.

Pueden limitarse a un solo encuentro o la mayoría de las veces propiciamos espacios de escucha tal que permitan ubicar y sortear el impasse en que se ve enredado el sujeto, con la perspectiva de un seguimiento opcional.

En **¿Es estrés laboral?** sostenemos que lo que se juega en cada entrevista es la *re-inserción* del sujeto en un discurso que le sea propio y que le permita encontrar un camino personalizado.

El objetivo es intentar revertir lo que es vivido para él como maltrato, discriminación, acoso, inserción insatisfactoria, exclusión, desocupación, presiones y situaciones vividas como sin salida que puede llegar hasta alimentar ideas de suicidio.

> Frente a esa realidad, nuestra organización lejos de repartir responsabilidades entre supuestas víctimas y/o victimarios, basa su efectividad en poder discernir y ubicar en cada sujeto, uno por uno, la causa personal y singular que subyace bajo las variadas formas del sufrimiento que se alojan en el marco del trabajo.

Julio de 2011

Experiencia inaugural en una empresa de hidrocarburos de la que damos cuenta en esta publicación y que se continúa en la actualidad, año 2019.

XIII. Otras experiencias

- **Intervención en el 1° Foro de RRHH, Grupo Brasil**
  El nuevo rol de RRHH en las organizaciones
  "Una Visión innovadora", *herramientas que agregan valor*
  Lic. Mirta Nakkache 28 de junio de 2017

- **Intervención en situaciones complejas-Telecom**
  Cultura Organizacional- Dirección Capital Humano
  Telecom 2017-2018- Lic. Mirta Nakkache

- **Exposiciones en el Ministerio de Trabajo**
  Oficina de Violencia Laboral
  Políticas contra la Violencia Laboral
  B. A 16 de mayo de 2017- Lic. Mirta Nakkache
  B. A 1° de noviembre de 2018- Lic. Mirta Nakkache y Dra. Claudia Mascheroni

- **Asesoramiento en Organizaciones y Empresas Familiares**
  Anthay Electrónica SRL. Buenos Aires, 27 de noviembre de 2017- Lic. Mirta Nakkache

1º Foro de RRHH, Grupo Brasil

El nuevo rol de RRHH en las organizaciones

"Una Visión innovadora", *herramientas que agregan valor*

Lic. Mirta Nakkache

¿Por qué?

Porque **el mundo del trabajo** es siempre un tema recurrente en las consultas, allí se alojan las emociones más básicas, las que nos marcaron en nuestro seno familiar, para bien o para mal.

El grupo de trabajo se contamina de esos afectos, a veces infundados, otras veces potenciados por su semejanza con **"lo vivido"**. Su consecuencia es el estrés de cada día, la confrontación, el aislamiento o el desánimo, y las múltiples variaciones en cada caso.

Esos afectos se reproducen casi en espejo, lo que no pudimos sortear de nuestras rivalidades fraternas, de nuestra competencia con nuestros padres, es decir nuestras identificaciones más arraigadas. De ese modo, se genera un equívoco, no intencionado, que forja los lazos posibles o imposibles en un marco inadecuado. Pero también nuestra época. Hoy mucho de lo que se palpa en el comportamiento social en general es un estilo adictivo: un *quiero más* que se refleja en todos los órdenes.

¿Cómo abordarlo?

Para el economista Sebastián Campanario el mundo de la **creatividad** del futuro es de los *mixers* y de los que tienden puentes.

Da un ejemplo. El Nobel de medicina B. Houssey mezcló por 1ra vez Ketchup con mayonesa e inventó la salsa golf, estaba en el golf de Mar del Plata, de ahí su nombre. (*Sacado de 50 claves de gestión para Pymes lunes 18 de julio 2016 Comunidad de Negocios*).

Nuestro *mixer* es un poco más profundo.

Es el resultado de aplicar e instrumentar una vasta experiencia, que proviene fundamentalmente del Campo de la Salud y de las Organizaciones, aún las más complejas. Esta **doble inserción** nos aporta una visión ampliada que nos permite detectar e interpretar el pulso de la dinámica de trabajo en tiempo real.

Se trata de agregar, a los esfuerzos que cada organización realiza *nuevas combinaciones* entre los puntos de atención, habitualmente considerados fundamentales, en los que seguramente habrá coincidencia e incorporar una *combinatoria innovadora y creativa*, altamente adecuada al contexto de las relaciones humanas, en la que los "hallazgos" surgen por fuera de lo tecnológico. Encontrar esos enlaces es el **desafío**.

Los beneficios

Los beneficios de esta perspectiva se sintetizan en la prevención de riesgos por intervenir oportunamente. En acciones tendientes a regular los altibajos en el clima de trabajo, a detectar desde insatisfacciones inespecíficas, en atender a detalles significativos que pueden revelar procesos psicopatológicos difíciles de medir y que no surgen necesariamente de las herramientas convencionales. (Ej.: psicotécnicos-Encuestas de Clima, Evaluaciones de Desempeño, Diseño Organizacional etc.).

El acento está puesto en los vínculos, en los **dichos**, en las modalidades de *enunciación*, desde una experimentada lectura de las **singularidades** en cada situación y operar en consecuencia y resolutivamente y acorde a una planificación conjunta, que es respetuosa de la línea de tiempos consensuada con quién o quiénes corresponda.

Es prioritario, en esta perspectiva **generar un campo favorable** para que la operatoria resulte eficaz. Ello se basa en la confianza, la confidencialidad y sobre todo en el consentimiento de los agentes habituales, despojado de los prejuicios frente a lo nuevo.

Facilitador externo en una organización

¿Por qué surge la necesidad de este operador?

Porque existe un fenómeno natural por el cual despúes de un tiempo de pertenecer a una organización se produce una asimilación que puede llegar a naturalizar situaciones que ameritan atención y otras circunstancias coyunturales que no lo hacen posible.

La gestión del facilitador externo opera llevando permanentemente el pulso del clima de trabajo y de su dinámica.

Es una respuesta a los sucesos y/o situaciones complejas que nos sacuden a diario. Nos sorprendemos con **noticias** que involucran a sujetos cuyas acciones causan estragos, escapan a la mirada de los expertos y logran eludir los controles más sofisticados puestos en juego en las sociedades más avanzadas.

Si nos cernimos al llamado "mundo del trabajo" cada organización, aún la más simple, supone una población humana que, en mayor o menor medida, está en constante y cotidiana interacción. ¿Acaso están libres de vivir em**ociones intensas?**

¿Cuál es la medida que da cuenta de un clima laboral sal**udable?**

Siendo que entramos en el registro de lo imposible de cuantificar ¿cómo prevenir, preservar o regular ese campo emocional que no está exento de la contaminación de una sociedad en la que *tiemblan* las garantías?

Analizando en profundidad las situaciones que se nos presentaron en el ejercicio de nuestra experiencia, en el seno de las organizaciones, pudimos inferir y verificar posteriormente que existe una *zona gris* que escapa a las herramientas habituales con que cuenta el management contemporáneo. Es desde esa *zona gris* desde donde pueden surgir las desestabilizaciones emocionales que al hacerse evidentes, confunden, sofocan y provocan el **grito de alarma** que busca una urgente solución.

Consideramos que esa *zona gris* proviene de una *desconexión* entre la información que pudieran poseer los organismos encargados de velar por la salud de la organización y los agentes abocados a la selección y evaluación de los recursos humanos a incorporar en toda organización.

Puede haber diferentes interpretaciones, seguramente!! Pero lo que las unifica es que cada vez **se desdibujan** más las estructuras clínicas que subyacen a los síntomas o a las alteraciones más visibles.

El término "*trastorno*" barrió con el zócalo más profundo que orienta hacia las estructuras que configuran el devenir de cada sujeto. Allí anidan las neurosis, las psicosis, las perversiones y las adicciones en general en sus más diversas expresiones.

Determinar, frente a una situación compleja en qué estructura se asienta "*el trastorno*" nos abre las puertas para accionar con precisión

Algunos ejemplos significativos

En el mundo y en nuestra sociedad se suceden episodios dramáticos que nos sorprenden y que revelan la ausencia de un diagnóstico certero y oportuno.

Recordaremos el caso del co-piloto en la aerolínea alemana[72], quién quedando solo un momento en la cabina de mando, se lanza al vacío estrellando el avión con todos sus pasajeros. Sus antecedentes depresivos, con ideación suicida, quedaron por fuera del control de la empresa.

Los episodios de violencia en las escuelas, en las calles, en los hogares y por supuesto en el trabajo, son un llamado de atención que amerita la incorporación de agentes idóneos, dentro de las organizaciones, tales que puedan anticipar y efectuar una lectura especializada, que se anticipe a ubicar patologías que de otro modo pasarían inadvertidas.

Otros ejemplos que fueron advertidos y abordados por nuestra intervención y desde nuestra especialidad:

El caso de un empleado que manifestaba un síntoma conocido como acúfeno, (tinitus), sonidos permanentes dentro de su cabeza y diagnosticado, por fuera de la empresa, implementaba recursos bizarros que importunaban a todo el sector al que pertenecía.

Nuestra intervención permitió ubicar el cuadro dentro de las llamadas psicosis ordinarias[73], igual diagnóstico presuntivo, no

---

[72] Caso del piloto de la aerolínea alemana Andreas Gunter Lubitz. accidente deliberado de un Airbus A 320 en los Alpes Franceses el 24 de marzo de 2015. El piloto estrelló el avión para suicidarse, con 149 personas a bordo. Tenía problemas mentales que no fueron registrados a pesar de un extenso recorrido por despachos médicos y psiquiátricos ajenos a la Compañía, y desconectados con ella, en los que constaban sus desórdenes mentales.

[73] Psicosis ordinarias, es una propuesta de definición clínica de J.A.Miller. No es una categoría diagnóstica, refiere a psicosis no desencadenadas, pequeños índices que nos cuestionan sobre

previsto oportunamente en su ingreso a la empresa, fue el de otro empleado que en medio de una crisis, pateo cajas manifestando en medio de un total descontrol.

De otro orden, no menos significativo, fue el impacto que produjo, en todo un sector de la empresa, la muerte de un compañero, fruto de un accidente por fuera de la empresa. El trabajo con cada uno de los integrantes del sector cuya paralización ponía en riesgo sumas millonarias, en la empresa, permitió trabajar el duelo en el momento oportuno.

Además, orientamos sobre el abordaje de conflictos sindicales que pusieron en riesgo la fuente de trabajo de miles de empleados, con daños considerables, y serias consecuencias en relación a las reinserciones posteriores.

Otras situaciones que interesan a una acción permanente, son las ausencias reiteradas, certificadas por agentes externos a las organizaciones. Algunas, no todas, resultan simulaciones, que hay que diferenciar de aquéllas otras que precisan una atención adecuada.

Nuestra intervención disminuye los riesgos de judicialización de conflictos, inadvertidos oportunamente.

(Ver apartado Clínico en la segunda parte de esta publicación)

¿Hermanados en el prejuicio: Psicoanálisis y RRHH?

Esta experiencia de la que doy testimonio en este libro, recibió diferentes nombres, según el ámbito de intervención. Nos fue necesario acomodarnos o hablar la *lengua del Otro*. Y no hubiera sido posible de habernos quedado encerrados en un encuadre tradicional.

Es así que aceptamos diferentes modos de nombrarnos: Health & Wellness, *Programa Calidad de Vida, Intervención en*

---

el diagnóstico diferencial entre psicosis y neurosis y alertan y orientan la acción del analista.

situaciones complejas, ¿Es estrés laboral?, "semblantes" que habilitaron nuestra acción.

Entendimos que nuestros efectos no pasaban por ese marco fosilizado sino por determinadas coordenadas que orientan nuestros actos y que provienen de nuestra formación y nuestra trayectoria sólidamente capitalizada.

Por ello nos reconocemos en esta faceta de *objetos nómades* susceptibles de desplazarnos a nuevos contextos y particularmente a instituciones.

Los registros de nuestras intervenciones muestran y demuestran los efectos de nuestra acción en el marco de la institución, en un lugar que podemos llamar ahora "Nuestra Salita".

"Nuestra Salita" no es un lugar de escucha solamente. Se dice que la puesta en palabras alivia. Hoy en día, un lugar de escucha es un sitio en el que un sujeto es invitado a desahogarse sin medida.

"Nuestra Salita" es un lugar de respuesta, un lugar en el que el parloteo toma forma de pregunta y la pregunta misma gira hacia la respuesta.

En "Nuestra Salita" por la operación del analista, el parloteo se revela como conteniendo un tesoro, el tesoro de un sentido otro que valga como respuesta, es decir como saber supuesto. Esa mutación del parloteo se sostiene de lo que llamamos la transferencia, que permite intervenciones que marcan un antes y un después.

Rendir cuentas

Las organizaciones exigen rendir cuentas de nuestras acciones y de sus efectos. Piden cifras y números, una apreciación cuantitativa.

Conscientes de que los estándares productivos dependen de las relaciones de las personas en el trabajo, hemos tenido en cuenta este requisito a partir de gráficos de dispersión, que preservan la confidencialidad, en el caso de áreas o sectores de una organización compleja.

Al mismo tiempo mantenemos un contacto permanente con los interesados en conocer la dinámica de sus sectores y/o áreas de responsabilidad.

Un Buzón permite acceder a quien lo desee a tener reuniones o entrevistas cuando la situación lo amerita.

Ofrecemos acompañamiento permanente en situaciones de duelo o que involucran al contexto familiar y que podrían repercutir en la dinámica del trabajo.

También nos ocupamos de dar orientación o intervenimos en situaciones vinculares que generan tensiones, en el marco de competencia de los involucrados.

Nuestra acción combina el método de trabajo "a medida" con un sistema de registros confidenciales que permiten, también al equipo, acceder a una práctica personalizada.

El espacio de supervisión, reflexión y elaboración conjunta con el equipo, en una frecuencia sostenida, favorece el intercambio y la actualización permanente de cada uno de nosotros.

Exposición en el Ministerio de Trabajo
16 de mayo de 2017
Oficina de Violencia Laboral - Políticas contra la Violencia Laboral

La invitación que me honra, junto con la propuesta de abordar el tema de la Violencia Laboral, me colocó de entrada frente a uno de los tantos desafíos a los que nos enfrenta nuestra época a todos aquellos que pertenecemos al campo de la salud y de las organizaciones del trabajo.

El desafío, lo sintetizo en una frase:

¿Cómo poder estar a la altura de las problemáticas actuales de nuestra **sociedad, aportando nuestra experiencia allí donde somos convocados?**

Les diré que, "estar a la altura" es una de las buenas razones para trabajar juntos, y promover *"una práctica entre varios"*

Ahora bien, que para orientarme de "la buena manera" es decir en el terreno en el que se desarrolla mi práctica, me permitiré pedirles un esfuerzo para, provisoriamente, soportar una ruptura transitoria, me refiero a la semántica:

En lugar de **violencia laboral** propongo, provisoriamente pensar:

Violencia y Trabajo

Y ya mismo trabajar juntos cada uno de estos términos:

Trabajo, Salud, Bienestar (casa, comida, familia, abrigo), *Malestar* (estrés, desmotivación, incertidumbre, angustia, maltrato…)

Incertidumbre (caída de los ideales y con ellos lo que regula el lazo con los otros) Me detendré en este punto.

Los seres humanos estamos marcados desde el nacimiento por nuestra **indefensión**, somos seres **carenciados,** sin un soffwear, que nos organice, ni una dotación instintiva que indique qué comer y con quién aparearse.. **El malentendido se instala en el mismo momento en que *nos hablan!!***

(Aquí hago referencia a la confusión entre *deseo y necesidad* vehiculizada por la palabra, cuya particularidad es que, no es unívoca, lo que sería extenso desarrollar en esta ocasión, pero que es la fuente de los malos entendidos)

Precisamos *la asistencia del Otro*, el lazo con el otro asistente es de necesidad y debiera ser de amor. Es en esos primeros instantes donde se generan las primeras *marcas*, que dejarán huellas absolutamente singulares en cada uno. Marcas que producen *resonancias en el cuerpo* y que se activan a lo largo de la vida y *orientan nuestras elecciones*, para bien o para mal.

Aquí entramos en el umbral posible de la Violencia, advertida o vivida como natural!!! (Discriminación, segregación, aislamiento, destrato, acoso...)

Pero también masificación, contagio, anonimato, el todos iguales, consecuencia de la vulnerabilidad en que pudiésemos situarnos.

En este punto quisiera reflexionar con Uds., sobre una posible diferenciación, que agrega y que no resta:

Si abordamos la violencia desde la *Agresividad*, como una hipótesis de trabajo, nos facilita percibirla, captarla, individualizarla, tanto en uno mismo, como en el otro u otros y, también, en diferentes contextos: familia, pares, sociedad en general.

Pensar en términos de *agresividad* es menos probable de referirlo a algo meramente colectivo.

El concepto mismo de agresividad, aunque lo incluyamos a modo de hipótesis de trabajo, para favorecer la instalación de la figura de *violencia laboral* implica el reconocimiento, en cada uno de nosotros de una vida subjetiva, y no únicamente, en un movimiento anónimo que molesta a la sociedad.

Nos permite tener en cuenta *la singularidad* de cada uno y *la responsabilidad* que nos cabe y, por lo tanto del *impacto* que recibimos cuando somos presas de la *violencia* del otro o de los otros.

Identificar *la violencia* debiera servirnos de resorte para poder hacer algo con ella y, oportunamente.

Es entrar en una lógica del "instante de ver", "de comprender" y consecuentemente "poder hacer algo" con ella, por ejemplo pedir ayuda:

La *Oficina de Violencia laboral* responde a esos requerimientos que suceden en el marco del trabajo.

¿Cuáles son los modos de responder a esta problemática?

¿Disponemos de **El** *Remedio salvador*???: **NO**

No hay una sola receta

No luchamos contra la sociedad de consumo o con los múltiples factores tóxicos que hoy nos invaden, pero ofrecemos espacios de escucha que disponen de los medios específicos para atender a los que sufren demasiado.

Hay *recursos* disponibles y también *cada uno* tiene, en sí, los suyos; que habrá que poner de relieve, para potenciarlos o para pacificarlos.

Prudencia y confidencialidad, son nuestras credenciales

Juntos podemos *sensibilizar a nuestro entorno* sobre estas problemáticas ya que, no sólo conciernen al campo de la salud, sino también al campo jurídico, médico y a la sociedad en general.

Se trata de dar alivio para el sufrimiento. Muchas veces una mínima intervención es suficiente para modificar la vida de alguien.

Se ubica en la consulta el punto a partir del cual, cada uno puede accionar y paliar su sufrimiento.

Hay cada vez más *iniciativas* institucionales, por parte de la sociedad y del Estado y también otros actores involucrados que es importante conocer y entender ya que hay que diseñar experiencias que se ajusten a cada espacio que lo amerite.

La oficina de violencia laboral es una de ellas
El desafío es posibilitar

UN PLUS DE VIDA !!!

Acotando el sufrimiento
¿Les interesa?
¿Les sirve?
¿Consideran que son buenas razones para trabajar juntos?

Nuestra experiencia *en la* **Agrupación ¿Es estrés laboral?** da cuenta de los resultados beneficiosos que se pueden lograr desde un abordaje singularizado, es decir del Uno X Uno que conforma la población, dentro de una organización institucional, cualquiera sea su particularidad.

Más aún, si junto a otras instancias, como la que representa esta *Oficina de Violencia Laboral* que me honró al ser invitada en esta ocasión, conformamos una red de lazos atentos al menor signo de violencia...

Muchas Gracias!

Lic. Mirta Nakkache

Cultura Organizacional
Dirección Capital Humano
Telecom

Buenos Aires, 1º de noviembre de 2016
Intervención en situaciones complejas

1. Reunión informativa de la situación que nos convoca en **Telecom-Buenos Aires,** con los referentes directos. Asesoramiento, planificación de la o las intervenciones, consensuadas con los referentes directos. Acciones oportunas.
2. Inter-consultas con los profesionales externos y/o internos que hubieran intervenido en la situación. Análisis de la documentación pertinente.
3. Análisis y evaluación del contexto involucrado.
4. Informe preliminar, conceptual y confidencial.

De las reuniones y entrevistas realizadas, se confeccionó un informe conclusivo, conceptual y confidencial, que ilustró cada situación específica, la orientación necesaria para abordarla, por nuestro equipo y/o por la empresa. Se sugirieron las acciones oportunas y las alternativas posibles consensuadas con la empresa.

El resultado de nuestra intervención fue considerado altamente satisfactorio y se realizó en el tiempo estimado por ambas partes.

Lic. Mirta Nakkache
MN 6149

Asesoramiento en Organizaciones y Empresas Familiares

Buenos Aires, 27 de noviembre de 2017

Bajo mi dirección y supervisión, desde julio del 2011 un equipo especializado tanto en el Campo de la Salud como en el de las Organizaciones, nos abocamos a favorecer la dinámica del trabajo, previniendo o limitando las interferencias que pudieran afectarla.

Se trata de una perspectiva innovadora que se agrega a los recursos tradicionales con que cuentan las organizaciones para abordar y alcanzar la tan preciada armonía en dichos espacios.

El aporte diferencial consiste en atender personalmente a cada uno de los integrantes de la empresa, sin distinción de rango o posición dentro de la organización.

Representa un salto cualitativo fundamental respecto de las evaluaciones clásicas, ya que se dirige a la singularidad de cada persona y/o situación que lo amerita. Con ello se diferencia de las generalizaciones que caracterizan a otras herramientas de gestión en Recursos Humanos y las suplementa, actuando convenientemente y en los tiempos oportunos.

En lo que respecta a las llamadas "Empresas Familiares", trabajamos en la perspectiva de esclarecer los fenómenos que caracterizan los distintos grupos humanos. El acento está puesto, fundamentalmente, en diferenciar un grupo de trabajo de un grupo familiar, en el que se mezclan afectos y emociones primarias que pueden obstaculizar los objetivos propuestos, con consecuencias no deseadas por ninguno de los intervinientes.

Aspectos metodológicos

Se basa en un relevamiento particularizado a través de entrevistas individuales y confidenciales, que recogen las impresiones, inquietudes, propuestas y/o problemáticas de cada uno de los integrantes de la empresa.

Seguimientos personalizados de quienes requieran una atención particularizada por su involucramiento mayor o menor en la dinámica del trabajo.

Se elabora un diagnóstico de la situación y se actúa en consecuencia proporcionando la orientación, en cada caso, y según lo recogido e inferido de las entrevistas y el contexto en general.

Objetivo

Intervenir para conocer la complejidad de la empresa familiar, sus posibilidades de desarrollo, el de la familia y el personal de cada uno

Detectar las ansiedades, emociones e intereses particulares que confluyen en la operatoria de cada día en el marco de la empresa.

Reducir y regular aquellos factores que pudieran interferir.

Trabajar con cada integrante para hacer de una empresa familiar una familia de empresarios, con la impronta y/o las alternativas que cada uno esclarezca de su propio deseo en juego.

Cordialmente:

Lic. Mirta Nakkache[*]
MN 6149

---

[*]Lic. Mirta Nakkache es Fundadora y Directora de la Agrupación ¿Es estrés laboral? Miembro de la Asociación Mundial de Psicoanálisis con sede en París. Miembro de la FAPOL (Federación Americana de psicoanálisis aplicado), Asesora del Grupo Brasil 1° Foro de RRHH: El nuevo rol de RRHH en las organizaciones www.grupobrasil.com.ar, Asesora de Brisa Salud y Gestión, PAE, Pan American ENERGY y TELECOM-Argentina

XIV. Reflexiones en torno al estrés y su relación con:

- ¿Es estrés? ¿laboral?
- ¿No es mejor preguntarnos, ante cada caso es: ¿Estrés? ¿Laboral?..
- Recorramos a algunos artículos al respecto
- Publicación de Hugh Pym, editor de Health de la BBC, el 5 de Diciembre de 2018
- Investigación publicada por Lennox Morrison el 16 de noviembre de 2017 por la BBC
- ¿Cuál es la posición de la Agrupación ¿Es estrés laboral?
- La propuesta y experiencia verificada de ¿Es estrés laboral?

Estrés es una palabra, que el discurso contemporáneo, ha universalizado para denominar un padecimiento actual. Rápidamente se ha convertido en un vocablo de uso frecuente en las conversaciones cotidianas. Todos en algún momento hemos dicho o hemos escuchado de otro la frase "estoy estresado".

El concepto de estrés fue importado de la fisiología por el canadiense Selyes en 1956, y de ahí en más, ha sufrido algunas variaciones en cuanto a sus causas o su origen, pero siempre en definitiva se lo ha utilizado para referirse a un exceso, un desbalance entre una cantidad de emoción o de estímulo ambientales que resulta imposible evitar y controlar, y ciertos recursos que poseería el individuo para afrontarlo.

Los efectos del estrés que se han descrito son variados: desde los que se manifiestan en el plano llamado psíquico, como preocupaciones, ansiedad o dificultad para la toma de decisiones o efectos motores, como tartamudeo, temblores o el hablar rápido y también algunos que afectan directamente al cuerpo enfermándolo, como la falta de aire, taquicardia, sudoración excesiva, cefaleas, mareos entre otros.

El *estrés laboral*, denominación heredera de la anterior, se refiere a una localización particular de estos padecimientos cuando su origen puede circunscribirse al ámbito del trabajo. En este caso se lo suele atribuir tanto a un ambiente laboral tóxico, como a la responsabilidad propia de quien lo padece.

Sea como fuere, las noticias recientes describen las consecuencias trágicas que ha tenido para muchos trabajadores de multinacionales europeas y reportan que el número de afectados en el mundo está lejos de ir en disminución.

Innumerables recetas y soluciones son ofrecidas por distintas disciplinas. No hace falta ser un gran internauta para darse cuenta con una corta visita a la Web, del amplio espectro de alternativas y de estrategias aconsejadas para todo el conjunto de los sujetos "estresados".

Entre las más nombradas están los ejercicios de relajación, los Spa, los cambios de hábitos de vida, los complejos vitamínicos, las técnicas de autocontrol o el uso de psicofármacos.

En relación con el trabajo, la ruptura de este supuesto equilibrio –entre los estímulos del ambiente y la capacidad de afrontarlos – puede llevar a la disminución del rendimiento laboral y se considera que éste debe ser reestablecido con premura, sin tener en cuenta el modo singular en que cada individuo reacciona a las tensiones que le plantea su actividad o su ambiente laboral.

Recorramos a algunos artículos al respecto

Investigación publicada por Lennox Morrison el 16 de noviembre de 2017 por la BBC[74]

Frente a la necesidad de reducir la magnitud de los costos que acarrean a las compañías los conflictos no resueltos en el marco laboral, se apela a los que denominan: *"Desactivadores de conflictos"*

Felicity Steadman, investigadora de Oxford y mediadora británica intervino durante más de 26 años en problemáticas que se presentan en el marco laboral.

Da numerosos ejemplos de hostilidades que se potencian y que producen daños que suman millones de dólares, ya sea por ausentismos reiterados, partes de enfermedad, vínculos tóxicos, bullying, juicios, etc. y sus consecuencias en la disminución de la productividad.

Los costos a las compañías, por conflictos en el lugar de trabajo fueron estimados, sólo en EEUU, en 2008, en 359 mil millones de dólares al año, de acuerdo a una investigación global efectuada por especialistas de recursos humanos en una empresa: *CPP, Inc.* (Credit: Alamy) Se basa en que los empleados americanos emplean un promedio de 2,8 hs. semanales dedicadas a conflictos.

En *Alemania e Irlanda* el porcentaje semanal es mayor aún, es de 3,3 hs semanales. Por lo cual cada vez más, las compañías llaman a especialistas profesionales para reducir los costos que conllevan.

En *Toronto* sucede otro tanto, y requirieron la ayuda de Jeanette Bicknell, Principled Dispute Resolution and Consulting, para mediar y resolver los conflictos.

En *Asia, Danny McFadden* ofició de mediador para el Banco Mundial y las Naciones Unidas, especialmente en *Singapur y en*

---

[74] BBC-Capital- The people sent in to fix toxic office relationships 24/04/2018

Hong Kong, desde donde operó. Consideró que los diversos aspectos culturales amplifican el problema.

Todos ellos mencionan casos y situaciones que fueron objeto de intervenciones y resoluciones particularizadas, cada una diferente, con resultados favorables, tanto en lo negociable del conflicto como en la reducción de costos para las compañías.

Hugh Pym, editor de Health de la BBC publicó el 5 de Diciembre de 2018

Traducido de https://www.bbc.com/news/health-46443379

How do you tackle stress in the workplace?
¿Cómo abordas el estrés en el lugar de trabajo?

¿Es el lugar de trabajo más estresante de lo que era? ¿Los empleados se sienten más presionados que antes? ¿El personal se siente agobiado por los correos electrónicos del trabajo a toda hora? Datos recientes y encuestas sugieren que hay un problema creciente.

Ahora, el propietario de un negocio quiere que otros empleadores sigan su ejemplo y les permitan a los empleados hacer una semana de cuatro días y desconectarse por completo el quinto día.

Ankur Shah dirige la empresa de marcas de estilo de vida *Mahabis* y dice que le permite al personal, dentro de lo razonable, elegir dónde trabajar los cuatro días, siempre y cuando estén en contacto por correo electrónico o Skype. Tampoco hay seguimiento de las horas de trabajo. Se espera que el personal de Londres asista a una reunión mensual.

Al dar a los empleados la libertad de trabajar desde casa, trabajar de forma remota y organizar sus propios horarios, la compañía cree que los empleados serán más felices y más productivos.

Refiriéndose a su carrera anterior, el *Sr. Shah* dijo:

"Fui testigo de numerosos agotamientos, burnouts: una semana de cuatro días, la sentí una extensión natural y fácil de una mentalidad que valoraba sólo la productividad a lo largo del tiempo".

El Sr. Shah señala una serie de estadísticas para respaldar su argumento de que el trabajo podría estar afectando la salud de la nación.

Las cifras de la organización de datos NHS Digital revelan las notas de advertencia (licencias) emitidas por los médicos generales en Inglaterra. Estos se dan a los pacientes después, de los primeros siete días de ausencia por enfermedad, si el médico decide que su salud afecta su estado físico para trabajar.

El número de notas para "trastornos neuróticos y relacionados con el estrés" aumentó de poco más de 576,000 en el año financiero 2016-17 a casi 620,000 en 2017-18.

Motivo de preocupación

En respuesta a estas cifras, el profesor Martín Marshall, vicepresidente del Royal College of GPs, dijo:

"La evidencia muestra que para la mayoría de las personas, el trabajo puede ser beneficioso para su salud física y mental. Pero no lo es cuando lo que preocupa a las personas, es el estrés del trabajo y las enferma. Y las siguientes cifras muestran que este es el caso de un número creciente de personas".

El Ejecutivo de Salud y Seguridad, utilizando los datos de la Encuesta de la Fuerza Laboral de ONS, calculó que 595,000 trabajadores sufrieron estrés, depresión o ansiedad relacionados con el trabajo, en Gran Bretaña en 2017-18, frente a los 526,000 del año anterior.

El HSE dijo que esto representaba el 57% del número total de días de trabajo perdidos.

El Instituto Colegiado de Personal y Desarrollo (CIPD, por sus siglas en inglés), que representa a profesionales de Recursos

Humanos, descubrió en una encuesta reciente entre los miembros, que las condiciones de salud mental y la ausencia relacionada con el estrés, se encontraban entre las principales causas de la baja por enfermedad a largo plazo.

Alrededor del 55% de los encuestados informaron un aumento en las condiciones como la ansiedad y la depresión entre los empleados en 2017 en comparación con el 41% del año anterior.

Rachel Suff, de la CIPD (Colegiado de Personal y Desarrollo) concluyó que "cada vez más, las amenazas para el bienestar en el lugar de trabajo moderno, son psicológicas en lugar de físicas, y sin embargo, muy pocas organizaciones desalientan las prácticas poco saludables en el lugar de trabajo o para combatir el estrés".

La organización de empleadores, la CBI, sostiene que la mayoría de las empresas se están centrando más en la salud del personal.

Una encuesta encontró que el 63% de las empresas que respondieron, consideraban la salud y el bienestar en el lugar de trabajo, como un importante problema de negocios, con más de la mitad de los jefes reconociendo la necesidad de centrarse en la prevención y no solo de curar.

Aun así, *Matthew Fell*, director de políticas del Reino Unido en el CBI, reconoció que los empleadores "deben colaborar ayudando a eliminar el estigma que aún existe y prevenir antes que las personas busquen apoyo".

Apoyo del empleador

Una mayor conciencia y franqueza sobre las enfermedades mentales significa que los empleadores brinden más apoyo y el personal se sienta capacitado para buscar ayuda.

Anteriormente, el estrés y la ansiedad se ocultaban, ya que los trabajadores sufrían en silencio y esto pudo haberse reflejado en menos casos que aparecían en las estadísticas.

Por supuesto, hay muchas causas de problemas de salud mental que no están vinculadas al lugar de trabajo.

Pero más de un año después de un importante informe sobre salud mental y empleo, el problema se ha agudizado aún más.

El ex presidente de *HBOS, Lord Stevenson y Paul Farmer,* de la organización benéfica *Mind*, establecieron un plan a largo plazo según el cual todas las organizaciones estarían equipadas para prevenir las afecciones en la salud mental causada o empeorada por el trabajo.

Recomendaron que los empleadores del sector público identifiquen al personal con mayor riesgo de estrés o trauma y que coordinen el apoyo.

Dijeron entonces, en octubre de 2017, que el Reino Unido enfrentaba un importante desafío respecto de la salud mental en el trabajo. Parece serlo aún más ahora.

24/1/2019

¿Cuál es la posición de la Agrupación ¿Es estrés laboral?

Preguntarnos, ante cada caso, o situación conflictiva, realmente:

¿Es estrés **laboral**?

Ocurre que, muchas de las soluciones que nos aportan diferentes investigaciones, apuntan a resultar universales y a estandarizarse.

Si bien no son desechables *per-se* no suelen proporcionar los resultados esperados, sobre todo cuando ellos son ofrecidos como salidas *excluyentes* y *garantizadas*.

El sujeto postmoderno recibe así, una vez más, un empuje a la masificación, a una respuesta común que no atiende a su singularidad.

En algunos casos, los intentos de restablecer la tan urgente "normalidad" suelen tener un éxito sólo transitorio y por consiguiente, los sufrimientos vuelven a presentarse.

De esta manera, las variadas soluciones ofrecidas, se constituyen en un conjunto, *el conjunto de los estresados por el trabajo*.

Conjunto que otorga pertenencia y que no es más que un común denominador que propicia una falsa o, por lo menos aparente, identidad que nubla sus propios recursos y, en última instancia, facilita la segregación: pertenecer para no quedar excluidos del conjunto "identitario"

Bajo la idea "paraguas" de un *trastorno único*, se ofrece como gran candidato a integrar la codificación psiquiátrica, o las recetas de moda que se proponen corregirlo rápidamente para recuperar una supuesta normalidad.

La propuesta y experiencia verificada de *¿Es estrés laboral?*

> Nuestra propuesta ha puesto en cuestión la consistencia de un sintagma que intenta aglutinar padecimientos de una gran variabilidad: *todos estresados... todos iguales*
>
> ¿Por qué no poner el foco de la ayuda profesional en ubicar el *impasse* de cada sujeto que padece y, de ese modo, situar la manera en que cada uno ha quedado enredado en una trama personal, tejida con las marcas de su historia?
>
> Y, apostar a que, cada cual, logre encontrar salidas propias y singulares.
>
> En otras palabras: ¿Por qué no acompañar a cada sujeto en el camino de elaborar un nuevo "saber hacer" a partir de esas marcas, sus marcas?

Un saber hacer que no tenga que ver, necesariamente, con los ideales impuestos por el Otro social, o con los adoptados por otros, siempre dispuestos a "aconsejar"?

Nuestra propuesta es guiar a cada sujeto a descubrir, o esclarecer, en el mejor de los casos, lo que esté en línea con su propio deseo.

Cuarta parte

Un aporte a la comunidad analítica

- Introducción a cargo de René Fiori: psicoanalista, presidente de Sufrimientos en el Trabajo y miembro fundador.
- Fundamentos de la experiencia

Introducción

Del trabajo al deseo

"A medida que el lenguaje se vuelve más funcional, se vuelve impropio a la palabra" destaca Lacan en 1953.

Este enfoque nos lleva al corazón de la cuestión, y de la acción que llevan a cabo el equipo de psicoanalistas bajo la denominación de ¿Es estrés laboral?

En efecto, está formulación de J. Lacan nos indica también que, a medida que la relación interpersonal pasa a ser más funcional, tal como ocurre en la vida cotidiana, y más aún en el *mundo laboral*, se vuelve más impropia a la sociabilidad, al lazo social.

Está acentuación de la devaluación de la palabra se traduce en un síntoma de la expansión y aceleración del discurso capitalista; cuestión que coincide con lo que han planteado Jacques Lacan y luego Jacques Alain Miller.

Me refiero al hecho del sujeto, "de olvidar su subjetividad"[75], y que J-A Miller al comentar el quinto discurso, es decir el capitalista, definirá más tarde con el estatuto de "sujeto desbrujulado"[76]

Con relación al "stress" noción que Hans Selye, otro vienés contemporáneo de Freud, teorizó en su libro Le *stress de la vie*, es de "distress", antónimo en inglés de stress, de lo que se trata, es de la angustia del sujeto, cuando se ve arrojado al lugar de objeto rechazado o, en todo caso poco considerado. Lugar que le deja ese discurso.

---

[75] Ibid, p. 282 et Miller J-A, " Respuestas de lo real ", clase de orientación lacaniana, inédito, 1983-1984, sesión del 29 de mayo de 1984.
[76] Miller J-A, " Una fantasía ", Mental, n°15, febrero 2005.

Además, por mucho que este médico, Hans Selye haya reconocido completamente el psicoanálisis freudiano, para él, el stress, cuyo otro nombre es el Síndrome General de Adaptación (SGA)[77], el acento no estaba puesto sobre el sujeto, sino sobre el organismo.

En Francia, el juicio de los dirigentes de la sociedad "France Telecom"[78], cuyo nombre es hoy "Orange" y los testimonios publicados de los empleados, dan un ejemplo mayúsculo de esos comportamientos que pueden ser extremos y radicales.

Sin embargo, desde entonces a lo que sucede ahora, ese discurso se desplazó. Porque si la palabra del sujeto podía desaparecer en el lenguaje funcional, disolución redoblada por la ferocidad del discurso gerencial, hoy ella, la palabra, esta absorbida en el algoritmo.

Entonces es el lenguaje, y no sólo la palabra, lo que está él mismo pulverizado en la matemática binaria, la cual alimenta la máquina que emite sus órdenes al empleado.

El compromiso, en este caso, se vuelve muy difícil a instaurar, entre el deseo del sujeto y la implacable máquina. Deseo que requiere juego, borde, un grado de expansión, e incluso como lo escribió el filósofo Gasparg Koening un lugar para "l'arbitre libre"[79]

Es lo que ocurrió en la empresa pública francesa *La poste* que distribuye el correo en Francia, y que ahora esta privatizada, donde es una formula matemática la que planifica el

---

[77] Seyle H., *Le stress de la vie–El problema de adaptación*, Paris, Gallimard, los ensayos, 1975, traducido del inglés por Pauline Verdun.

[78] Fiori R., "La asociación sufrimientos en el trabajo, clínica de una creación"; Poumellec A., "La psicología sobre el tobogán tecnocrático"; *Sufrimientos en el trabajo–Encuentro con psicoanalistas*, Paris, Ed. SAT, 2012. Fiori R., "Una melancolía situacional?", *Elfriede H.–La mujer con alfileres- el sexto caso de Freud-De la neurosis obsesiva a la melancolía*, Paris, Amazon, Edición corregida 2019-

[79] Koenig G., *El fin del individuo–Viaje de un filósofo al país de la inteligencia artificial*, Paris el observatorio, 2019-

recorrido de los carteros, sin ninguna consideración por las particularidades geográficas locales de tal o tal región.

Lacan pudo decir durante esos mismos años cincuenta, que el psicoanalista era un "practicante de lo simbólico". De hecho si él opera sobre y con el discurso, el lenguaje, la palabra, lalangue y el idioma del sujeto, es necesariamente por el sujeto sufriente que los aborda: $/a.[80]

En las condiciones de trabajo en cualquier empresa, de lo que se trata es de que el sujeto se rehúse a quedar atrapado en una posición de objeto (a), para preservar su dignidad de sujeto.

René Fiori,
psicoanalista, presidente de Sufrimientos
en el Trabajo y miembro fundador.

---

[80] Miller J-A, "Del síntoma al fantasma", clase de orientación lacaniana, inédito, 1982-1983, 20 de abril de 1983.

Fundamentos de la experiencia

1. Aspectos epistémicos

> Los psicoanalistas, en cada consulta, participamos de un micro mundo muy íntimo, sacralizado por el compromiso de la confidencialidad.
> Ese micro mundo aparentemente cerrado, se abre a nosotros poco a poco. Nos cuentan sus experiencias, las de cada día. En esas cavilaciones asoman, no sólo a los acontecimientos de su vida privada que los abruma, sino las tensiones que viven cada día, cuando deben afrontar las exigencias que les depara sostener una posición conveniente en un grupo de trabajo.

Si se dirigen a nosotros es porque están convencidos, o al menos anhelan, que aquello que los hace padecer podría encontrar un alivio para sí mismos, o para con los otros con quienes comparten sus afectos y sus necesidades más urgentes.

La problemática del trabajo es un tema recurrente, ya sea porque se ven beneficiados de estar insertos en ese mundo y temen perderlo, o por la ansiedad de querer pertenecer a él.

Comprobamos que el **mundo del trabajo** es una fuente innegable en la que se vuelcan los afectos más primarios, aquellos que no han podido sortear de sus rivalidades fraternas o de sus competencias parentales. Germen de lo que forjarán sus identificaciones más arraigadas. Comprobamos que ellas se replican, casi en espejo, al momento de interactuar en un grupo de trabajo.

Nuestra experiencia nos alerta sobre el malentendido que se aloja en esos padecimientos y en el *qué y cómo* interfieren en los lazos necesarios, posibles y/o imposibles en un marco laboral.

Los grupos de trabajo se contaminan de esos afectos potenciados imaginariamente por su semejanza con lo *vivido*. Su consecuencia es el *estrés* de cada día, la confrontación, el aislamiento o el desánimo.

Un camino para el analista avezado es favorecer y dilucidar, en y con cada uno, las resonancias de lo *vivido* que les permitirá una relectura de las marcas de su historia singular. Esas marcas que se actualizaron en "un fuera de tiempo y espacio" y que tal vez condicionan su desasosiego actual.

2. Aspectos clínicos

Convencidos de poseer un instrumento útil para neutralizar los efectos imaginarios propios de todo grupo humano, y que afectan notoriamente a los grupos de trabajo, elaboramos un plan de acción, tal que pudiera operar directamente en el "mundo del trabajo"

Se trataba de trasladar los principios y la orientación que rigen nuestra práctica al "mundo empresarial".

> Las premisas de las cuales partimos se basan en que, el psicoanalista que sale de su consultorio no implica necesariamente que salga de su discurso.
>
> Que la institución misma es un discurso, una modalidad de lazo social que habrá que dilucidar en cada caso y en los espacios en los que desplegamos nuestro acto[81].

---

[81] Guy Briol textos de orientación para el IX Congreso de la AMP abril de 2014 *Un Real para el siglo XXI*

El hecho de que el *amo* o el *saber* estén encarnados en dichos espacios y en cada contexto en particular, condiciona al sujeto desorientado a una modalidad de lazo social, no siempre acorde con sus deseos.

Para nosotros, ello no es más que un dato suplementario que forma parte del cálculo de nuestra acción. Ello no amedrenta la operatoria del *discurso del analista*[82] que imprimirá los giros necesarios o posibles para orientar al sujeto hacia nuevas alternativas de identificaciones, compatibles o no con su deseo más íntimo y al que habrá que dilucidar.

En algunos casos se tratará de reforzar el lazo del sujeto al *Otro* de la institución. En otros, acompañarlo a bordear el malestar que lo invade.[83]

Psicoanálisis aplicado, una terapéutica que no es como las demás

Concientes de que se trataba de trabajar en el cruce de dos discursos incompatibles, el del *management empresarial* y el *psicoanalítico*, partimos de que el único discurso que defiende la *singularidad* del sujeto es el discurso analítico y hacia allí orientamos nuestra brújula.

Intervenir en el discurso imperante en las organizaciones, en sus coordenadas *managerial*es no es sencillo. Existe un lenguaje empresarial que determina la política de la institución, *todos iguales* y que aleja al sujeto de lo que nuestra

---

[82] Discurso del analista. De acuerdo al Dr. J. Lacan (Seminario XVII), los discursos son las distintas formas posibles del lazo social. Lacan distingue cuatro formas de discursos a las que denominó, el Discurso del Amo, el Universitario, el histérico y el del analista. Lacan, J. *El seminario, Libro 17, El Reverso del Psicoanálisis*, Ed. Paidós, Buenos Aires, 1992

[83] J.A. Miller, Conferencia *Una fantasía* presentado en Comandatuba, Bahía. Brasil, en el IV Congreso de la AMP-2004

clínica propicia: inventar y reinventarse cada vez, según el caso que nos ocupa.

El *psicoanálisis aplicado* a las instituciones habilita esta capacidad de invención. No *es una psicoterapia como las demás*. No está orientada por el *Ideal*, ya sea de curación o de adaptación, ni responde a una lógica del *para todos*, en donde la palabra de cada uno no tendría lugar.

La operación que introducimos, siguiendo al Dr. J. Lacan, apunta a sostener cuidadosamente la distinción entre "terapéutica" y "psicoterapia". No confundiéndose con ellas. El *psicoanálisis aplicado a la terapéutica* es el que hace lugar a los "detalles significativos" que son los que desoyen o intentan normalizar las prácticas psicoterapéuticas.

¿En qué se funda su eficacia? en lo que designamos como *el deseo del analista*, un concepto cuya operación supone un rechazo del poder sugestivo de la palabra.

Prioriza el *discurso analítico* a partir de hacer entrar el *decir* del sujeto en las diferentes modalidades de lazo social distinguidas por J. Lacan, y que denominó, *los cuatro discursos: el discurso del amo, el universitario, el histérico y el del analista*[84].

El *psicoanálisis aplicado* opera en el *fuera del sentido*, es decir, más allá de atribuir significados, vaciando de contenido a los relatos obturadores del deseo.

La *psicoterapia*, por el contrario, se inscribe en el *discurso del amo*, privilegia la identificación y otorga sentidos a los dichos del sujeto. De ese modo se manifiesta como el revés

---

[84] Los discursos. De acuerdo al Dr. J. Lacan (Seminario XVII), los discursos son las distintas formas posibles del lazo social. Lacan distingue cuatro formas de discursos a las que denominó, el Discurso del Amo, el Universitario, el Histérico y el del Analista. Lacan, J. El *seminario*, Libro 17, El *Reverso del Psicoanálisis*, Ed. Paidós, Buenos Aires, 1992.
A estos 4 Lacan agregó sin considerarlo bajo el mismo régimen que los otros, el **discurso que llamó capitalista**. Las referencias se encuentran en los Seminarios 16, 17, 18 y en textos de 1973, Radiofonía y televisión. Y es en su conferencia en Milán el 12 de mayo de 1972 donde escribe su matema. Su objeción es que establece una circularidad donde no hay tope de imposibilidad, con efectos catastróficos: segregación, depresión generalizada y /o ambición desenfrenada.

del *discurso analítico*. Interpreta desde una lectura que, no necesariamente, coincide con las resonancias propias del que busca alivio a su sufrimiento.

¿Por qué podemos operar desde una lógica diferente?

Es por haber atravesado nosotros mismos la experiencia, en nuestro análisis personal, que podemos leer, en la narración del sujeto y con el sujeto, lo que está escrito más allá de la pantalla de su particular lenguaje.

Esta interpretación de la lengua (*lalengua*)[85] más privada del sujeto nos permite responder de una manera creativa, ubicando el *detalle significativo* que resuena, a nuestra particular escucha, sorteando el lenguaje institucional.

Nuestra acción, en cada caso, es indagar cómo el sujeto se ha insertado en el marco laboral. ¿Está presente interferido por sus "fantasmas" (*escenario imaginario primario con fuerte capacidad de determinación*), por sus ideales, por sus identificaciones? ¿Y cuáles son las consecuencias para ese sujeto y/o su entorno?

Lo que nos guía es lo que denominamos, con J. Lacan, el tratamiento de lo *real*[86].

Una mínima viñeta clínica a modo de ilustración, intenta ilustrar un efecto de nuestra práctica en el marco laboral

---

[85] Lalengua, es un neologismo introducido por J.Lacan en su seminario Aún, Encore, en francés libro XX. Hay que entenderlo homofónicamente: En- corps, como él mismo invita a hacerlo (en- cuerpo en castellano). El lenguaje y su estructura aparecen como secundarios y derivados de lo que él llama lalengua. Lalengua es la palabra antes de su ordenamiento gramatical y lexicográfico, separada por lo tanto del lenguaje. Tiene que ver con el goce de la palabra, hablar para gozar, más allá de su significado.

[86] Lo real: Una de las categorías que junto a lo simbólico y a lo imaginario integran la estructura psíquica. Lacan da distintas definiciones de lo real a lo largo de su obra. Ver en: Lacan, J. La tercera. En E. d. Lacaniana, Revista Lacaniana de Psicoanálisis. Buenos Aires: EOL, 1974
Lacan, J. El seminario, Libro 20, Aun, Capítulo VIII: El saber y la Verdad Ed. Paidós, Buenos Aires, 1992

> Es el caso de una mujer abrumada por su soledad y el vínculo simbiótico que mantenía con su madre en vida. En una entrevista se interviene en la línea del **desapego**. Afecto que no implica indiferencia pero tampoco sumisión o sometimiento. Ello produjo una resonancia tal que, pasado dos años, pide una nueva entrevista en circunstancias de la muerte de su madre. Viene a mencionar el efecto liberador que en ella tuvo el haber trabajado el **desapego**. Ello la habilitó, en sus palabras, a vivir el duelo con un sentimiento profundo pero a la vez pacificador. Quiso dar cuenta, en nuestro espacio, de la autonomía lograda y la satisfacción de haberlo podido trabajar a tiempo. Como verificación de ello, nos revela que pudo dedicarse al canto, deseo siempre postergado.

Prácticas de grupo y efectos de grupo

Distinguimos entre *prácticas de grupo y efectos de grupo*[87]. Respecto de los grupos, como dispositivos de trabajo, advertimos de los riesgos de los *efectos de grupo*, cuya esencia está al servicio de la masificación. Su finalidad es homogeneizar, instalar un pensamiento único. Es la condición que impone el grupo, más o menos explícita, para pertenecer.

Por el contrario una *práctica de grupo*, supone juntarse con otros, no por el "tú me agradas" o "me desagradas", sino en torno a un objetivo, a una pregunta, con el acento puesto en el producto, en el trabajo propio de cada uno y que cada uno, en su nombre, sea responsable de su trabajo.

Nuestra acción promueve en las *prácticas de grupo* una particular lógica que se sostiene en el deseo de cada quien y, a la vez, en la potencia de cierta producción colectiva que

---

[87] *Prácticas de grupo y efectos de grupo*, desarrollado en J. Lacan Seminario L'Etourdit, (El atolondradicho).

definimos con el concepto de *transferencia de trabajo*[88]. Se destaca así la producción de cada quien. Se sostiene la lógica de una trama colectiva, *de uno con otros*, pudiendo ubicarse también, como *uno entre otros*.

Respecto de la función del líder

A diferencia del *líder* tal como lo promueve el *management*, nuestra orientación promueve la función, cercana a lo que llamamos Más Uno[89]. Es quien es convocado cuando aparecen obstáculos, rehusándose a ser el *Otro del Saber*.

Es el que interviene respecto de las crisis de trabajo, y su función es propiciar que una y otra vez que se recupere el conjunto, aún en su defecto, es decir que no se cierre a las preguntas.

El líder que funciona bajo el modo de Más uno, explica, pregunta, orienta la investigación y la acción, y capta los momentos en que debe ocupar el lugar del saber. Se espera que participe como *agente provocador*, lo cual no debiera resultar incompatible con su posición laboral dentro del organigrama de la empresa, sea líder, gerente o aún una jerarquía mayor.

3. Aspectos políticos

La política del psicoanálisis aplicado se enfrenta a un doble desafío, por un lado, resistir a los parámetros del discurso

---

[88] Transferencia de trabajo, término usado por J. Lacan en el Acto de fundación de la Escuela Freudiana de París el 21 de junio de 1964, para referirse a la transmisión del psicoanálisis. entendido como *pase de trabajo* con carácter activo, por el cual se participa del trabajo con quien lo introduce, lo autoriza y que con su presencia lo sostiene y lo garantiza. Es lo que se traduce en: *Hacer lazo de uno con uno, con otro y no necesariamente de uno con todos*. J.-A. Miller, El banquete de los analistas, Paidós, Buenos Aires, año 2000.

[89] Más Uno, J.A. Miller, Cinco Variaciones sobre el tema de "la elaboración provocada" Lógica del Cartel

corporativo, y por otro, a inventar nuevas formas de dispositivos que respondan a la ética que nos orienta.

Se trata de estar à la altura de nuestro tiempo. Una actualidad en cuyo seno se anudan una cultura atravesada por la coyuntura política, económica y social, siempre inestable. Actualidad que no puede ser eludida en tanto que, lo que interrogamos es, también, la inserción social de nuestra acción.

¿Cuál es la política que está en juego en nuestras intervenciones en un contexto ajeno a nuestra disciplina?[90]

> Fundamentalmente inventar nuevas formas de dispositivos, celosos de la ética que nos orienta y sostenerlos en el más largo plazo.
>
> El desafío que nos propusimos fue y es, dar cuenta de los alcances terapéuticos del psicoanálisis cuando el psicoanalista ejerce su práctica fuera del consultorio, e intenta inscribirse por fuera de los programas pre-establecidos.[91]
>
> Así lo han demostrado una serie de analistas, con formas inéditas de saber hacer con lo *real*. Sus experiencias, animadas por un deseo decidido, son un faro para los desafíos que presenta al psicoanálisis nuestra época.[92]

---

[90] *Discurso capitalista*, a los cuatro discursos de los que hice referencia con anterioridad, J. Lacan agregó, sin considerarlo bajo el mismo régimen que los otros, el discurso que llamó capitalista. Las referencias se encuentran en los Seminarios 16, 17, 18 y en textos de 1973, Radiofonía y televisión. Y es en su conferencia en Milán el 12 de mayo de 1972 donde escribe su matema. Su objeción es que la lógica de este discurso establece una circularidad donde no hay tope de imposibilidad, con efectos catastróficos: segregación, depresión generalizada y/o ambición desenfrenada. Para lacan no hace lazo social.

[91] J.A. Miller su Curso El lugar y el lazo, Paidós capítulos I, II y III año 2000

[92] La práctica analítica en instituciones* (Vilma Coccoz, Compiladora) La práctica lacaniana en Instituciones II, Soluciones, Invenciones, Grama Ediciones, Praxia).

OTRAS REFERENCIAS

Miller, J.A. y Milner J.C. ¿Desea Ud. ser evaluado? Miguel Gómez Editores, Málaga, 2004)

Vilma Coccoz, Compiladora: La práctica lacaniana en Instituciones II, Soluciones, Invenciones, Grama Ediciones, Praxia

1-Freud Sigmund "Conferencia 34. Esclarecimientos, aplicaciones, orientaciones", Obras completas XXII, AE.

2- "Juventud de Gide, o la letra y el deseo", Escritos, pág. 727.

3- Acto de fundación de la Escuela Freudiana de París. J. Lacan

4- "Variantes de la cura tipo", Escritos I, pág. 312.

5- Cf. Miller, Jacques-Alain, "Psicoanálisis puro, psicoanálisis aplicado y psicoterapia", en Freudiana Nro. 32.

6- Cf. en Laurent, Eric, Psicoanálisis y salud mental, El analista Ciudadano Pág. 113 a-121 Tres Haches.

7- Briole Guy Un real para el siglo XXI textos de orientación IX Congreso de la AMP 14-18 de abril 2014

8. Le calcul du mailleur: alerte au tsunami numérique par Gilles Chatenay, Eric Laurent, J.A. miller 25 junio de 2006

9. Lacan. Jacques. Seminario de la Angustia Capítulo V, Lo que engaña 12 de diciembre de 1962. Ed. Paidós

Conclusiones

- Una experiencia inaugural en una empresa líder de hidrocarburos
- Algunos trabajos clínicos presentados nacional e internacional-mente

Una experiencia inaugural en una empresa líder de hidrocarburos

> Lo innovador de nuestra Agrupación ¿Es estrés laboral? es haber creado dispositivos *sui generis* que nos permiten trabajar en el cruce de dos discursos incompatibles: el del *management empresarial* y el *psicoanalítico*. Su eficacia se basa en fundamentos epistémicos, clínicos y una política del síntoma contraria a la homogenización.

Fundamentos epistémicos

Entendemos que el psicoanálisis entró en una nueva época. Nació en el marco de sociedades prohibitivas que ya no son las de nuestros días. En consecuencia ha mutado, y las instituciones de atención psicoterapéutica también debieron renovarse. La Agrupación ¿Es estrés laboral? ha cruzado esa puerta.

Somos un equipo interdisciplinario que introdujo, por primera vez en la Argentina, el *psicoanálisis aplicado* al "mundo del trabajo".

Inspirados en Souffrances au Travail, asociación de psicoanalistas que operan en Francia desde el año 2000, creamos un servicio de atención psicoanalítica para las empresas. Fuimos adquiriendo nuestra propia identidad, acorde a las contingencias socio- político y coyuntural de nuestro país.

Nos diferenciamos de las psicoterapias u otras prácticas psicológicas basadas en la palabra. Nuestra orientación es la del *psicoanálisis aplicado* que hace de la palabra una *formación parasitaria*.

Se trata de una práctica en la que entra en juego lo más opaco de la vida y que J. Lacan denomina **goce**. Gozar no es tener placer. No tiene que ver con lo útil y, paradójicamente, aporta una satisfacción.

Al conectar goce y palabra al *decir*, se instaura un nuevo régimen de la palabra, en su relación con el cuerpo y sus implicancias en el deseo.

El psicoanalista que ha pasado por la experiencia de un análisis y es fiel a su formación, está habilitado a inferir en la palabra del que escucha, los principios de nuestra práctica, y dilucidar la modalidad de *lazo social* que predomina en cada institución.

Nuestra clínica

Que el psicoanalista salga de su consultorio, no significa que salga de su discurso.

El *deseo del analista*, función lógica en la que se sustenta nuestra operación analítica, rechaza el poder sugestivo de la palabra y se revela contra la concepción del hombre como *cifra*, o como *máquina*.

La particularidad de los *dispositivos de atención* creados por nuestra Agrupación ¿Es estrés laboral?, es la de ser "una práctica entre varios". Ello nos permite elaborar y extender nuestra acción a todo el personal que lo desee. Uno por Uno, sin importar las jerarquías, preservando las subjetividades y la confidencialidad. Focaliza la mirada en su singular inserción dentro de la dinámica del trabajo, su entorno familiar, y las incidencias posibles en su circunstancia laboral.

El enfoque innovador del dispositivo de *entrevistas*, recoge en el *decir* de cada uno, los aspectos emocionales más primarios que perduran en *la lengua* de cada persona. Partimos de la premisa de que esos afectos, en algunos casos, se replican en espejo en el marco laboral alterando el buen clima de trabajo.

Nuestra acción se orienta a esclarecer, en cada caso, mediante intervenciones precisas y oportunas, el malentendido que obtura su deseo.

Entre 2011-2019 hemos efectuado, en la misma empresa, más de 3.500 entrevistas, *seguimientos personalizados y encuentros de integración*. Un *buzón* permite el acceso directo a la *Demanda*.

La política del síntoma contraria a la homogenización

La lógica corporativa, con su aplicación indiscriminada de la ideología de la evaluación, obliga al personal a rellenar casilleros en "Encuestas de Clima" que arrojan resultados masificantes. Su política es la del *para todos igual*.

Al rechazar el inconciente, se ignora la existencia singular, incomparable y propia de cada uno. El deseo del sujeto queda subvaluado. En su lugar, se aloja el malestar.

Algunos trabajos clínicos presentados nacional e internacionalmente

- I. Psiquiatras, víctimas del estrés laboral ¿Es estrés laboral? por la LIC. Mirta Nakkache
- II. El hombre que calculaba, por la Lic. Mirta Nakkache
- III. El psicoanalista y las corporaciones, hoy; por la Lic. Mirta Nakkache

Psiquiatras, víctimas del estrés laboral
¿Es estrés laboral?

ENAPaOL
La clínica analítica hoy: el síntoma y el lazo social...
Eje: Epistémico- Clínico
Temática: El discurso analítico y el lazo social
Abstract

Mirta Nakkache (EOL)

Sobre la base de un artículo aparecido en la portada del diario La Nación, el pasado 2 de mayo titulado: **Psiquiatras, víctimas del estrés laboral** referido al XXV *Congreso Argentino de Psiquiatría* realizado en Mar del Plata, redacté un texto en el que expongo mi posición como analista respecto al malestar que ellos denuncian y al antídoto que proponen.

Dice la nota: *"Quienes se dedican a tratar los trastornos mentales de los argentinos no parecen estar mucho mejor que sus pacientes, por lo menos en lo que se refiere al estrés laboral* (...)

Con la pregunta ¿Es estrés laboral? planteo y desarrollo, siguiendo las enseñanzas de Lacan a partir de la formulación del sinthome, los riesgos de hacer consistir como un **S1** ese enunciado: **Psiquiatras, víctimas del estrés laboral,** nueva forma de inserción social que masifica, donde el malestar singular de cada cual queda capturado y convertido en una cifra estadística que los sumerge finalmente en el anonimato.

Psiquiatras, víctimas del estrés laboral
¿Es estrés laboral?

Leo en La Nación[93]

Quienes se dedican a tratar los **trastornos** *mentales de los argentinos no parecen estar mucho mejor que sus pacientes, por lo menos en lo que se refiere al* **estrés laboral.** *Estudios cuyos resultados fueron discutidos en el XXV Congreso Argentino de Psiquiatría, muestran que más de la mitad de los psiquiatras experimentan* **síntomas de burnout, la forma extrema de estrés laboral.** *Tenemos colegas que se infartan o desarrollan cáncer en una media que está por encima de la media de la población advirtió la psicóloga Elsa Wolfberg,* **titular del capítulo de psiquiatría preventiva de la Asociación de Psiquiatras Argentina.**

Describen como obstáculos para el ejercicio de la profesión el contacto frecuente con personas sufrientes generadoras de **nuevas patologías** *como el* **estrés crónico.** *El consultorio suele ser un ámbito en el que el profesional es víctima de hostilidad, sobrecarga, devaluación o descalificación de su labor. A esto le suman las dificultades para insertarse en el entorno laboral. Sus conclusiones se basan en* **encuestas.** (Que el artículo detalla)

EL **antídoto** *que propone Elsa Wolfberg se basa en la ley que ya existe contra el desgaste profesional, el cuidado de su salud, espacios de diálogo grupales en el lugar del trabajo, espíritu de cooperación y no de competencia y dar reconocimiento a sus pares. Vía la* **persuasión***, promete* **re-insertar** *al los psiquiatras a* **lo que la sociedad espera de ellos.**

---

[93] La Nación, sábado 2 de mayo de 2009. Los psiquiatras alterados por el estrés laboral (http://www.lanacion.com.ar/nota.asp?nota_id=1123786)

Mi planteo (*que abro a la discusión*) es que (*más allá de las buenas intenciones*) son propuestas **identificatorias** que, paradójicamente, al mismo tiempo que otorgan pertenencia (*estamos todos estresados*) provocan la segregación.

(*E. W. refiere colegas con infartos, cáncer*) **El cuerpo bajo protesta!**

La peligrosa e inquietante crisis del cuerpo (acontecimiento de cuerpo, diría Lacan) ha desatado una tormenta y los recursos "**listos para usar**" como la creación del Manual Diagnóstico y Estadístico de los **Trastornos** Mentales (DSM), naufragan junto con los **medicamentos** que se ofrecen listos para calmar! La idea de **trastorno mental** consensuada desde ese mismo contexto se convirtió en una suerte de Torre de Babel de síntomas que en lugar de **cernir el punto de angustia que se pone en juego en cada uno**, (*también en cada psiquiatra frente a su paciente, uno por uno*), generó un empuje a hablar "**la lengua del Otro**": **todos estamos estresados.**

Que el malestar haya tocado a los psiquiatras, no nos asombra, a pesar de constituir un universo que se suponía invulnerable, pero lo que escandaliza es que la causa esté puesta nada más y nada menos que **en el lazo con sus pacientes**!

Lo innegable es que **el cuerpo protesta!** Se hace oír en los psiquiatras como en cada persona desde su singular vulnerabilidad. Angustia y sintomatización no se excluyen de la relación con sus pacientes, ni de los diversos lazos que constituyen la compleja trama social en que está incluido o quizás, precisamente, de la que se siente excluido.

Pero ¿cuál sería el riesgo de hacer consistir como un S1, ese enunciado: *los psiquiatras víctimas de sus pacientes*? Sin duda el de otorgar una forma de pertenencia, de inserción social que masifica, donde el malestar singular de cada cual, lejos de llamar a una **ascesis** personal, quede capturado y convertido en **una cifra estadística** que lo sumerja finalmente en el **anonimato**.[94]

Y, el *estrés laboral* en este contexto ¿no sería el nuevo nombre **"ready made"** que ofrece el Otro social para enmascarar la *varité* de los síntomas en que intenta expresarse **lo más singular** del sufrimiento de cada persona ¿por qué no también en algún que otro psiquiatra?

(*Y entonces*) *¿Es estrés laboral?*

Christopher Lane[95], comenta cómo la psiquiatría y la industria farmacéutica han medicalizado nuestras emociones. Con una osadía inusitada denuncia y documenta la historia de intrigas y de corrupción en la realización del DSM III y IV en alianza con la industria farmacéutica. Justamente de la guía, que pretende dictar a los psiquiatras del mundo entero, la manera contemporánea de concebir la clínica de los fenómenos mentales!

Lane prueba que todo comenzó por la designación de un equipo decidido a descalificar el psicoanálisis, eliminar las referencias que aporta en el campo de la sicopatología y liberar la clínica de lo que llamaron **las aventuras aleatorias de la palabra**.

F. Leguil[96], se agrega a la polémica. Se pregunta si detrás del sin límite de la medicalización que denuncia Lane no subyace algo más que una manía clasificatoria y los intereses de los trust de laboratorios. Ese algo más al que se refiere Leguil es que el DSM obtura los aportes de Freud, quien oponía **a la voluntad terapéutica**, la importancia de elucidar el sujeto del inconsciente. Y a un Lacan[97] que advertía del impasse que podía padecer el psiquiatra al interponer **barreras** (otras

---

[94] Entrevista realizada por Yann Moulier Boutang y Oliver Surel por Gilles Chatenay, Eric Laurent y J.A. Miller: El cálculo del mejor, alerta al tsunami numérico 25/jun/06.
[95] Christopher Lane, Shyness-How normal Behavior Became a Sickness.
[96] Francois Leguil, La lettre mensuel, Billet, *Compter sur les leçons de l'expérience freudienne*.
[97] J. Lacan: Escritos I, *Acerca de la causalidad psíquica*.

personas y la idea de trastorno) en el trato con el "loco", más allá de con-cernirse, de advertir su implicación posible en los síntomas que pretende tratar[98].

El discurso analítico y el lazo social

A partir de la formulación de Lacan del **sinthome**, diferenciado de los síntomas, la experiencia de **un análisis personal** hace de cada analista un **agente habilitad**o a escuchar el decir y los dichos de cada analizante que habla de sus angustias y de un cuerpo afectado por el goce.

El deseo del analista interroga y cuestiona los criterios de salud–enfermedad, normalidad – anormalidad, que rigen en el mundo moderno y en el contexto del DSM que pretende conducir al sujeto, del *trastorno* a una adaptación preconcebida. La norma está en **el deseo** mismo que se juega en cada persona y que comporta un **no como todo el mundo**. (Tanto *para su bienestar como para lo que la sociedad pueda interpretar como malestar*)

Los que practicamos el psicoanálisis sabemos que **el deseo del analista no consiste en hacer,** sino en autorizar el hacer que es propio de cada persona, singular y a medida. Allí se juega la inserción satisfactoria (*posible o imposible*) de un sujeto en sus lazos con los otros, ya sean sus pacientes, los acontecimientos de su cuerpo, su pareja, su familia, el trabajo, o el Otro social.

El discurso analítico, a su vez, rompe con el modelo de **víctimas y victimarios** propio del discurso del Amo y **el acto analítico** especifica el lazo posible o imposible entre analista y paciente.

---

[98] J.Lacan Petit discours de aux psiquiatres 10/11/67.

En cuanto al **malestar**, no es universalizable ¿porqué entonces, reducir el del psiquiatra al lazo con su paciente? La referencia, en tal caso, es el vacío donde asoma **la angustia** y rompe con todos los rótulos **masificantes**, llámense *estrés laboral o síndrome de burnout*.

Quizás estamos siendo testigos de los estragos que produce forcluir las enseñanzas del psicoanálisis tanto puro como aplicado, en el campo de la salud mental.

Me hago eco de las palabras de F. L. cuando dice que "tampoco se trata de vituperar los vicios del tiempo actual, sino **colocarnos del mismo lado de la baranda**".

Lic. Mirta Nakkache

REFERENCIAS

Psiquiatras, víctimas del estrés laboral; Trabajo presentado en el IV Encuentro Americano de psicoanálisis aplicado: La Clínica analítica hoy: El síntoma y el lazo social. XVI Encuentro internacional del Campo Freudiano, 28,29 y 30de agosto de 2009

J.A.Miller, "Cosas de finura en psicoanálisis", Curso dictado en París, Clases del 12, 19 y 26 de noviembre y 17 de diciembre de 2008

El hombre que calculaba

Lic. Mirta Nakkache

Ley y goce: El espejismo del goce del Otro, culpa y responsabilidad

En mi país hay un campo de difícil acceso al psicoanálisis, más conocido como "mundo empresarial" en donde rige el axioma la *salud para todos* y en el que *la locura de cada uno* tiene y debe ser extirpada.

La "gestión de personas" es asignada al Departamento de Recursos Humanos que se encarga de responder a la voz del Amo: que las cosas marchen![1]

Las publicaciones de management son un fenómeno de ventas: gerenciamiento del estrés, propuestas de capacitación sobre liderazgo basados en una gestión economicista de la vida. [2]

La oferta de remedios *para todos* intenta matar el valor singular del síntoma de cada sujeto y el sin sentido de su goce al modo de la erradicación de la viruela.

¿Cómo hacerse partenaire en ese «mundo» y despertar una interrogación que posibilite un lazo sin quedar atrapado en las redes del discurso del Amo?

Una viñeta clínica intenta ilustrar cómo el popular *estrés laboral* pudo servir de ventana de oportunidad para que un alto ejecutivo ponga en juego *su chifladura* en el encuentro con un analista.

Desde el padecimiento que le produce su precariedad laboral y a punto de autoexcluirse de una extensa trayectoria en la que alcanzó una posición jerarquizada R consulta presionado por su mujer y bajo el síntoma de "estrés laboral".

La operación analítica lejos de ejercer su apuesta sobre el contrato de trabajo, recae sobre el espejismo del goce del

Otro. Allí confluyen un padre gozador y una mujer deseante que introduce un real para el sujeto, lo incalculable del goce femenino, el índice de una referencia vacía ³ que lo inducirá a preguntarse ¿a qué vine yo, por el trabajo, por mi mujer… o por mí?

R. es el prototipo del hombre que busca "su salvación" ⁴ en los discursos establecidos. Deduce de ellos una mirada desvalorizada sobre sí mismo y se ofrece a los otros como un desecho.

Entre sus ideales están su padre y su mujer. Dos opuestos que se reúnen en el enunciado: *puedo ser prescindible*.

Entre la primera y segunda entrevista me transmite un estado de desasosiego cercano a la depresión. Su relato se centra en el malestar que padece en la empresa. Refiere episodios de fraude que lo implican indirectamente por recaer sobre el equipo que tiene a su cargo. Al mismo tiempo un nuevo gerente, más alto en la pirámide jerárquica, implementa despidos masivos entre los que figuran gente de su confianza y que constituían su entorno más estable. Su cálculo es El *próximo soy yo!*

Me anuncia que iba a presentar una carta con su renuncia. Entendía que así pondría fin a su malestar. Intervengo para ubicar, a modo de hipótesis, la autoexclusión que se desprendía de ella. Para alguien que calculaba todas sus decisiones en porcentajes, llamativamente, no entraba el *¿y después qué?*

Diría que *conversamos* sobre la posibilidad de propiciar una entrevista con el CEO de la empresa en la que expresara su inquietud sobre el clima laboral que percibía.

Retiene la carta y al día siguiente, como eyectado, se reúne con su superior quien, muy sorprendido por sus temores, lo reasegura en su cargo.

R necesita salir a la calle, llega a un café y se descompensa a tal punto que interviene una ambulancia para reanimarlo. El diagnóstico fue "estrés o probable virus".

El análisis presume que el deseo se inscribe a partir de una contingencia corporal.[5]

La fragilidad del semblante saltaba a la vista, pero no *aún* para él. Estaba lejos de relacionar un episodio con el otro. Eso me alerta sobre la dificultad de R para receptar una forma discursiva diferente a la del discurso Amo. Lo incalculable del deseo y el goce del Otro confluían en su cuerpo y desde allí se expresaban.

Cuando la amenaza del desempleo cae, va apareciendo un R. desmemoriado, confuso, contaminado por las demandas de su mujer a quien ama y quien lo ama.

Cada sesión es un S.O.S. La amenaza de que algo definitivo podía pasar al volver a su casa lo persigue como una sombra: el abandono de su mujer o peor, el suicidio.

El asume de antemano toda la culpa por lo que no hizo, por lo que no pudo ser, por lo que no puede hacer y por lo que cree que no permitió hacer.

Su mujer pasa a ocupar el lugar extraterritorial del síntoma en su carácter íntimo y ajeno. Algo de su verdad se expresa en ella.[6]

Ella es la que encarna el deseo y su imposibilidad, bajo el modo de la impotencia y la insatisfacción. Es su partenaire perfecto en la danza macabra del goce del Otro.

Preso de un pensamiento obsesivo que arrulla en soledad empieza a develar sus fantasmas. La amargura de una infancia infeliz, el sometimiento a un padre gozador severo para los suyos y libertino para el afuera y una madre sin palabras.

El deseo del analista juega su parte entre lo íntimo y lo ajeno de su síntoma y R va cuestionando los ideales que condicionaron desde su niñez una inserción social sobreadaptada y vivida ahora como fallida.

La cuantificación de la vida, la gestión economicista de la existencia[7] exceden el marco obsesivo y le revelan un goce fuera de sentido, al que bautizamos juntos con humor su "loco".

Sus divagues solitarios ahora volcados al análisis, introducen la dimensión de un otro por fuera del espejo. Me dice: *le escribí una carta a mi mujer, me frené antes de enviársela, pensé ¿cómo la interpretará ella, entenderá cuando la lea que estoy bien en soledad pero que igual la quiero y me gusta estar con ella?*[8]

El goce autista de lo Uno [9] al que estaba entregado se inscribe en un lazo que incluye la pregunta por el otro sexo y que dirige al analista. Lo incalculable del goce femenino introduce un real para R y lo confronta con su propia insatisfacción, encubierta en la pretendida cuantificación de su vida.

La culpa deviene responsabilidad por ese goce emparentado con el de su partenaire [10.] Consentimiento y angustia apuntan a no querer quedar embrollado y advertir que eso no se adquiere en ningún curso de capacitación sobre Management.

Su pregunta ¿a qué vine yo, por el trabajo, por mi mujer… o por mí? se reduce a la cuestión de su deseo y a un saber hacer con ese resto que resiste a cualquier cálculo.

Lic. Mirta Nakkache

REFERENCIAS

Trabajo presentado en el V Encuentro de Psicoanálisis 11 y 12 de junio de 2011: *La salud para todos, no sin la locura de cada uno* Eje: Ley y Goce: el espejismo del goce del Otro, culpa y responsabilidad.

1. Mosqueira, J., "El área que es mucho más que personal" Diario La Nación, Sección Economía y Negocios, domingo 26/12/2010.
2. Rato, A., "Libros gerenciales que se venden por miles" Diario La Nación, Sección Economía y Negocios, domingo 26/12/2010.
3. Ons, Silvia, "Una mujer como síntoma de un hombre", Ed. Tres Haches, Bs.As. 2005, p. 61 a 71: Una mujer-y no una madre-como síntoma de un hombre.
4. Miller, J.A. «Le salut par les déchets». In : Mental : Clinique et pragmatique de la désinsertion en psychanalyse, N° 24, Clamecy, avril 2010

5. Lacan, J. Seminario Aún, xx, Ed. Paidós, Barcelona-Bs.As. México 1981, p. 113, "El Saber y la Verdad", clase del 10 de abril de 1973

6. Ons, Silvia, op. cit., p. 61.

7. Vieira, Marcus André, "Argumento y ejes", www.ebp.org.br/enapol/ "La salud para todos no sin la locura de cada uno (a la luz del psicoanálisis)

8. Lacan, J. Seminario Aún, xx, Ed. Paidós, Barcelona-Bs.As. México 1981, "La función de lo escrito", Clase del 9 de enero de 1973 y "Una carta de almor" clase del 13 de marzo de 1973.

9. Miller, J.A. «Le salut par les déchets», op. cit. [*La experiencia analítica*] *"introduce el lazo social específico que se teje en torno al analista como desecho, representante de aquello que, del goce resta insocializable".*

10. Miller, J.A. " El partenaire-síntoma " Ed. Paidós Bs. Barcelona, México, 2008, "El sintagma partenaire-síntoma" p. 9 a 30.

El psicoanalista y las corporaciones, hoy

Mirta Nakkache

Intervenir en el campo de las corporaciones invita al analista encerrado en su reserva, a sensibilizarse ante algunas formas de segregación y a ser capaz de plantearse cuál fue su función y cuál le corresponde ahora. ¿Empuje al goce o lógica del acto? en todo caso inventar allí donde No Hay. Transportar su discurso para hacerse obstáculo de la función amortiguadora de la defensa, encarnada en la filosofía del Management "tanto medís, tanto valés" donde el éxito y el prestigio son el horizonte y el tapón del Finalmente ¿para qué sirve todo esto?[1]

Abundan ejemplos de estragos que hacen crecer las estadísticas de suicidios vinculados a las vicisitudes en el trabajo. Un real que no resiste hoy ningún velo y desnuda crudamente la ausencia de garantías.

El analista trou-matisme[2] El tan remanido *estrés* enlazado a las preocupaciones del *mundo laboral* fue el síntoma escogido para que oficiara de artificio. La estrategia consistió en usar la lengua del Otro: *estrés laboral* como semblante e instrumento operador, mediante el discurso analítico, para hacer desconsistir el sentido. Crear una *lalengua* bajo la forma interrogativa de *¿Es estrés laboral?*[3] tal que singularizara la demanda y pusiera en acto la subjetividad.

Mi palabra introduce *la peste*, instala una lectura que por desoída impacta, confunde y desorienta. Al reclamo predilecto *"no hay comunicación"* lo traduce en *malentendido*, humaniza de ese modo las rivalidades especulares que no cesan de repetirse.

Asisto a un escenario privilegiado donde el discurso Amo cede su trono al discurso capitalista, el Sujeto barrado intenta comandar trastocado en un Yo que se pretende sin fisuras. Un Yo identificado a enunciados que le calzan y lo colectivizan: generación de los Y, los X, los Bbs, los Z.

¿Y al servicio de qué? de velar la respuesta: que *todo esto sólo sirve al goce*.

Cuento con el discurso analítico que orada la solidaridad entre el discurso capitalista y el de la ciencia que viene a nutrirlo. Lo hace con astucia y no sin servirse de ellos. Los obstáculos que se presentan son estratégicamente invitados a enredarse en *nuestros* discursos para provocar el cuarto de vuelta que habilita el *bien decir y* limita el circuito infinito de la pulsión.

La acción del analista oficia de agente del deseo como causa, para implicar al sujeto en lo que lo hace padecer, sin ignorar que se necesita tiempo.[4]

Una experiencia de *varité*

Se trata de instalar un programa cuya implementación llevará 3 años. Su costo es multimillonario y su función es servir de soporte. Al gerente que está a cargo se le presenta un problema, aparentemente entre 2 de las personas que integran el equipo. Una de ellas, A. muy buena técnica, pide irse por incompatibilidad con B. refiere malos tratos que se le hacen insoportables pero B. justamente, es la propuesta para liderar el programa.

RRHH me pide que intervenga. Aunque no pertenezco a la empresa, opero como éx-tima y en calidad de psicoanalista. El tema los acucia. Desean conservar a ambas por su excelencia en lo técnico pero las explosiones y la inestabilidad emocional de B los inquietan, máxime cuando le dice a su jefe que *"no podría soportar quedar afuera del programa"*. Circulan antecedentes de estados depresivos de B desestimados hasta el momento.

Decido entrevistar a B. me dice que la acción de A la tomó de sorpresa, se angustió al extremo de no poder dormir *"nunca me lo esperé de ella, éramos amigas ¿por qué no habló antes conmigo?"* Estaba lejos de implicarse, sus conductas obsesivas abonaban la precariedad del lazo con los otros. Sujetada en el trabajo, mi intervención requería prudencia ante una defensa con riesgo de desmoronarse. Busco apoyos en su trayectoria de vida solitaria que padece con resignación. Se conmueve y contiene fallidamente la congoja. El acontecimiento imprevisto en su trabajo, toca el cuerpo y le afecta sobretodo porque escapa a su control. Acepta concurrir a una serie de entrevistas. Apuesto a favorecer el recurso de un análisis personal, hasta ahora muy temido por ella.

Mi propuesta no se agota en esa instancia. Introduzco una lectura desacostumbrada en el campo laboral-corporativo. En este caso traduje el problema como una situación sintomática en la que B era sólo un emergente al que, por supuesto, no habría que desatender. Pero ¿qué del gerente, del equipo y de RRHH cuando sus herramientas de evaluación, de capacitación y de coaching fallan?

Desplacé el acento puesto en B y ubiqué el foco en acceder a bordear ese goce enloquecido que salpicaba a todos los involucrados. Entrevisté a Uno por Uno.

Admitían el clima de malestar y las arrebatos disonantes de B, sin embargo lo más compartido apuntaba a la inacción del gerente, a quien reclamaban una función reguladora de las ansiedades que despertaban las nuevas dificultades a encarar.

Ya con el gerente, con una sonrisa cómplice, admitió su *mea culpa*. En una *elaboración provocada*, entiende que sus múltiples responsabilidades excedían ese compromiso específico. De las alternativas surgidas y de su factibilidad, coincidimos en que otra podría ser la persona acertada para liderar el programa.

A. permaneció en el proyecto, no sin advertir su predisposición a convocar al maltrato.

B. se dispuso a encarar por 1ra vez una experiencia analítica. Además se le asignarían tareas de testeo de contratos sin afectar su categorización.

RRHH recibió con alivio una herramienta oportuna y diferente de las que se sirve el Management actual.[6]

¿Y qué del psicoanalista que invita a no retroceder ante el campo de las corporaciones? Un campo abonado hoy por el discurso capitalista en el lugar del discurso Amo. ¿Acaso no es válido servirse de los semblantes propicios para intentar barrer los significados establecidos y limitar esa circulación sin ruptura que contamina al sujeto y *"eyecta a más de uno, uno por uno o en masa"*?[7]

REFERENCIAS

El psicoanalista y las corporaciones, hoy Trabajo presentado en las XXII Jornadas Anuales de la EOL- 2013 *Encrucijadas del análisis* – Una cita con lo real, Eje: Lo real y el semblante

1. J.Lacan, Seminario XVI, De un Otro al otro, Paidós Cap. XV, Clase del 19/03/1969, *39 de fiebre*, pág. 218
2. J.Alain Miller, *Un real para el siglo XXI*, Revista Lacaniana de Psicoanálisis N° 13, pág 87 a 94;
Vitale Fernando, *Modalidades de la defensa contra lo real*, 2da noche del Directorio, EOL, 14/08/2013
3. Nakkache Mirta, *Psiquiatras, víctimas del estrés laboral ¿Es estrés laboral?* Jornadas Pipol IV Encuentro del Campo Freudiano 2009-Barcelona
4. J.Lacan, Seminario XVI, De un Otro al otro, Paidós Cap.II, *Mercado del Saber*, *Huelga de la Verdad*, pág 27 a 39
5. *Varité*, neologismo de Lacan que condensa los términos verité (verdad) y varieté (variedad)
6. J.Alain Miller et Jean Claude Milner, *Voulez-vous être évalué?* Collection Figures/Grasset
7. Fiori René, lettre de Radio-a-N° 36 Septembre 2013

Epílogo

Estas páginas son el testimonio de un modo de hacer con el *psicoanálisis aplicado* frente a los avatares del *mundo del trabajo*.

Es el resultado de lo que interpreté como un llamado urgente desde lo social, que hizo eco en mi consultorio, y del que no quise sustraerme.

Ese llamado repicaba como un estribillo: *Todos estresados!!*.

Entendí que se trataba de intentar establecer un lazo más que *inusual* entre la lógica que subyace al psicoanálisis y la del ámbito laboral.

Supe pronto que había que ganarse las credenciales cada vez, y no sólo en el *mundo del trabajo* sino en el mismo seno de la *comunidad analítica*, bastante proclive a resistirse a ciertos abordajes *inusuales*.

A mi favor, contaba con que algunos psicoanalistas nos animamos a volver a cero y... recomenzar; y que había que aceptar que estas incursiones no se hacen en aguas calmas y tibias.

La pareja "psicoanálisis aplicado y ámbito laboral"

La tendencia a universalizar al sujeto y su deseo, detrás de protocolos estandarizados nos invita a un debate que no se agota en este par: *psicoanálisis aplicado y ámbito laboral*, sino que se extiende a los debates propios de la ciencia.

Un ejemplo es lo que desvela a las neurociencias, en que lo irreductible de la singularidad es un punto de encuentro con nuestra posición.

En el *ámbito laboral*, el *estrés* adquiere estatuto de síntoma, de algo que no anda y se asocia con fuerza al trabajo. Se decreta: Ud. tiene "*estrés laboral*". Formulación seductora de consumo masivo que arrastra consigo la singularidad del sujeto y su deseo, y alimenta el Todos Iguales.

De tal modo que poner entre signos de pregunta ¿estrés? ¿laboral? me sirvió de artificio para sacudir, por partida doble, a esa pareja imaginaria que instalé entre *psicoanálisis aplicado* y *ámbito laboral*.

¿Por qué al *psicoanálisis aplicado*? porque, tal como lo entendemos desde nuestra orientación, el *estrés*, y lo señala muy bien René Fiori en su Introducción[99] "Del Trabajo al Deseo", es un término que no forma parte de nuestros conceptos, está asociado principalmente al organismo. La consecuencia para el sujeto es "olvidar su subjetividad"

J. Lacan[100] lo menciona en el Seminario de la Angustia, bajo el título Lo que engaña, y hace un interesante desarrollo en el que da su propia lectura de los hallazgos de Pavolv. Leo allí:

"*...más recientemente se ha teorizado,* **en otras áreas culturales,** *lo que se ha calificado con el término de stress*"

J.A. Miller[101] menciona al estrés enlazado a la depresión; dirá, "*la depresión forma pareja con el estrés*".

(...) "*Entonces hay distintos tipos de síntomas, como en el super o hipermercado y están los de consumo masivo*" (...)

"*Ocurre que algunos rechazan los síntomas de consumo masivo, quieren algo del síntoma chic, y otros, los neuróticos se niegan a entrar al hipermercado y pretenden inventar su propio síntoma o copiarlo del vecino*" (....)

---

[99] Fiori René, psicoanalista francés, en su contribución que tituló: Del Trabajo al Deseo, en la IV parte de este libro.
[100] J. Lacan, Seminario de La Angustia Capítulo V Lo que engaña página 69 a 74 Ed. Paidos. 2006
[101] Miller Jacques Alain, en colaboración con Eric Laurent Curso El Otro que no existe y sus comités de ética
Cap. XVIII, El campo pulsional, pág. 376 a 378 y 387 ED. Paidós 2005.

Una reflexión que dejo abierta al lector

¿Se tratará entonces, el *estrés laboral*, de uno más de los síntomas de consumo masivo o un síntoma *chic* de nuestra época?

¿Uno de esos síntomas con que se intenta enmascarar la angustia, la depresión o tal vez algo muy propio y singular de ese sujeto, **que es lo que no hay que dejar escapar?**

Si las estadísticas, los algoritmos o la robótica asoman como amenaza en ésta época que vivimos y aún más en el *mundo del trabajo*, la experiencia que pudimos recoger durante estos nueve años, a partir de *nuestra propuesta del* UNO *por* UNO, de la que damos cuenta en este libro es:

Que cada sujeto es único e irrepetible, así como el ámbito en que trabaja es vivido de un modo personal y diferente para cada uno, que habrá que saber escuchar.

Mirta A. Nakkache
mirtanak@gmail.com

www.ingramcontent.com/pod-product-compliance
Lightning Source LLC
Chambersburg PA
CBHW060841220526
45466CB00003B/1190